Geoffrey Keyte

Die geheimnisvolle Kraft der Edelsteine und Kristalle

Aus dem Englischen
von Diane von Weltzien

GOLDMANN VERLAG

Die Originalausgabe erschien 1993
unter dem Titel »The Mystical Crystal«
bei The C. W. Daniel Company, Ltd., Saffron Walden.

Deutsche Erstausgabe

Der Goldmann Verlag
ist ein Unternehmen der Verlagsgruppe Bertelsmann

Deutsche Erstausgabe Juli 1995
© 1995 der deutschsprachigen Ausgabe
Wilhelm Goldmann Verlag, München
© 1993 der Originalausgabe Geoffrey Keyte
Umschlaggestaltung: Design Team München
Umschlagfoto: Guido Pretzl, München
Satz: All-Star-Type Hilse, München
Druck: Pressedruck Augsburg
Verlagsnummer: 12245
kk · Herstellung: Martin Strohkendl
Made in Germany
ISBN 3-442-12245-7

3 5 7 9 10 8 6 4 2

Nach dem Erscheinen meines ersten Buches, *The Healing Crystal,* hat meine Familie mehrere Krisen und Trauerfälle durchstehen müssen. Ohne die Liebe und Unterstützung meiner Judith und meiner Kinder Seth, Tristan, Gregor und Cameron wäre es mir nicht möglich gewesen, dieses neue Buch, *Die geheimnisvolle Kraft der Edelsteine und Kristalle,* zu schreiben. Daher widme ich es meiner Frau und meinen Kindern in dankbarer Anerkennung ihrer Geduld und Liebe in diesen manchmal schweren Zeiten.

Möge das Leben eines jeden Menschen durch die Kraft eines Kristalls bereichert werden.

Inhalt

Dank

Dieses Buch wurde mit der Hilfe vieler Menschen geschrieben.

Mein besonderer Dank geht an Gillian Bull von der Isle of Man, an Jenny Khan und Frank Eastwood; sie alle habe mich mit wertvoller Zusatzinformation für dieses Buch unterstützt.

Dank schulde ich auch meinem Freund Bryan Talbot, der so viele ausgezeichnete Fotos machte, daß wir uns nur schwer entscheiden konnten, welche wir für die Illustration des Buches heranziehen sollten. Auch den beiden »Patientinnen«, Kate Wain und Becky Byles, möchte ich an dieser Stelle danken.

Ich fühle mich Ian Miller und seinem Verlag C. W. Daniel Company Limited verpflichtet, der es mir gestattete, längere Passagen aus den Büchern einiger seiner Autoren zu zitieren, der mich immer wieder ermutigte und couragiert genug war, dieses Buch zu veröffentlichen.

Schließlich geht mein Dank an meine mit Kristallen heilenden Kollegen, die zu zahlreich sind, um sie hier alle einzeln aufzuführen. Sie haben an meinen Workshops, Seminaren und Kursen teilgenommen und im Verlauf der letzten Jahre auf verschiedene Weise zu dem Wissen und den Ideen beigetragen, die in dieses Buch eingeflossen sind.

Geoffrey Keyte
St. Annes-on-Sea, Februar 1993

Vorwort

Seit der Veröffentlichung meines ersten Buches, *The Healing Crystal,* im Juni 1989 habe ich entscheidende neue Impulse erhalten. Durch weitere Forschungen und durch das mir auf einer tieferen Ebene vermittelte Wissen habe ich viele neue Techniken entdeckt und neue Ideen entwickelt.

Die geheimnisvolle Kraft der Edelsteine und Kristalle ist eine stark erweiterte und aktualisierte Fassung von *The Healing Crystal.* Das Buch soll Sie bei Ihrer Beschäftigung mit Kristallen unterstützen und Ihnen als wichtiges Hilfsmittel dienen. Aus diesem Grund habe ich es so einfach und klar wie möglich gehalten.

Für mich war es eines der schönsten Komplimente, als mich nach dem Erscheinen meines ersten Buches Leser anriefen, um mir mitzuteilen, daß sie es als besonders leicht verständlich und gut nachvollziehbar empfunden hatten. Manche meinten sogar, daß das Lesen meines Buches ihr Leben vollkommen verändert habe.

Es gibt eine Vielzahl von Büchern über das Arbeiten und Heilen mit Kristallen und Edelsteinen, doch bei einigen von ihnen fällt es sogar mir schwer, sie zu verstehen.

Ich möchte betonen, daß ich kein Monopol in Sachen Heilung mit Kristallen besitze. Ich lerne jeden Tag etwas Neues dazu, und ich hoffe, dies wird auch weiterhin so sein. Es macht mir große Freude, meine Gedanken und Erfahrungen mit so vielen Menschen wie möglich zu teilen, und ich werde Ihnen deshalb gerne antworten, wenn Sie sich brieflich um Rat oder Unterstützung an mich wenden.

Ich wünsche Ihnen, daß Sie in diesem Buch finden, was Sie suchen; die Welt der Kristalle liegt nun offen vor Ihnen.

1.
Das Auswählen, Reinigen und Weihen eines Kristalls

Die Auswahl Ihres Kristalls

Alle Kristalle und Edelsteine besitzen eine individuelle Schwingung. Darin ähneln sie den Menschen. Wir alle sind schon Fremden begegnet, die in uns spontan ein Gefühl von Sympathie oder von Antipathie auslösten, ohne daß wir unsere emotionale Reaktion zu erklären vermochten.

Sich zu verlieben ist eine schöne und wunderbare Erfahrung – der unterschiedliche Geist zweier Menschen, ihr Verstand, ihr Körper schwingen auf derselben Frequenz. Auf diese Weise sollte auch die Auswahl von Kristallen und Edelsteinen erfolgen. Es ist sehr wichtig, daß die Steine unserer Wahl auf einer Frequenz schwingen, die der unseren so nahe wie möglich kommt.

Die individuellen Methoden der Auswahl von Kristallen und Edelsteine unterscheiden sich von Mensch zu Mensch, beinhalten jedoch im allgemeinen die folgenden Schritte:

1. Schließen Sie Ihre Augen, und meditieren Sie für einige Minuten. Dann öffnen Sie die Augen und ergreifen, ohne zu zögern, den ersten Stein, der Sie anzieht.

2. Lassen Sie Ihre Hände über alle zur Wahl stehenden Kristalle gleiten. Sie werden feststellen, daß einer von ihnen an Ihren Händen »hängenbleibt«, als ob er klebrig wäre. Das ist Ihr Stein.

3. Instinktiv werden Sie »wissen«, welchen Stein Sie wählen sollen und welcher der richtige für Sie ist. Möglicherweise nehmen Sie ein starkes, kristallklares weißes Licht wahr, das von dem Stein ausgeht und Sie wie ein Magnet anzieht.

4. Wenn Sie gut mit dem Pendel umgehen können, dann sollte es Ihnen gelingen, den passenden Stein mit Hilfe Ihrer eigenen Pendeltechniken zu bestimmen.

Manchmal haben Sie vielleicht sogar das Gefühl, daß der Kristall Sie auswählt! Mir selbst ist das viele Male so gegangen. Meine wirkungsvollsten und am höchsten energetisierten Kristalle sind alle mit einem bestimmten Zweck zu mir gekommen. Aus einem bestimmten Grund wollten sie, daß ich mit ihnen arbeite. Fast immer haben sie mich gar nichts oder nur sehr wenig gekostet.

Um einen Kristall oder Edelstein für einen Freund auszusuchen, sollten Sie auf die gleiche Weise verfahren, sich jedoch dabei vor Ihrem inneren Auge Ihren Freund so deutlich wie möglich vorstellen. Sie werden schon bald feststellen, daß es mit ein wenig Übung sehr leicht ist, den richtigen Stein für einen Freund zu bestimmen.

Obwohl das Angebot an Edelsteinen und Kristallen in Esoterikläden und verwandten Geschäften inzwischen sehr groß ist, mag es auf dem Land mitunter schwierig sein, persönlich auswählen zu können. Viele Interessenten haben sich daher auf meine Intuition verlassen und mich gebeten, für sie einen geeigneten Stein zu bestimmen. In solchen Fällen orientiere ich mich entweder jeweils an der Schwingung ihres Namens oder an der Schwingung, die von ihrem Brief ausgeht. Die

Rückmeldungen, die ich bisher in diesem Zusammenhang habe, lassen mich annehmen, daß die Methode fast immer außerordentlich gut funktioniert.

Das Reinigen Ihres Kristalls

Sobald Sie Ihren Stein ausgewählt haben, ist es sehr wichtig, ihn zu reinigen. Kristalle oder Edelsteine ziehen sehr leicht Schwingungen jeder Art an, und zwar sowohl positive als auch negative. Die Steine sind immer offen und empfänglich, um die Ausstrahlung von Menschen oder Gegenständen in ihrer direkten Umgebung aufzunehmen.

Der Stein Ihrer Wahl hat vielleicht schon einen langen Weg zurückgelegt, bevor er zu Ihnen gekommen ist – er kann auf seiner Reise zu Ihnen zahlreiche negative Energien und Schwingungen aufgenommen haben. Deshalb empfehle ich Ihnen, ihn gründlich von negativen Schwingungen und schädlichen Energien zu befreien, bevor Sie mit ihm auf irgendeine Weise zu arbeiten beginnen. Ihr Ziel sollte es sein, dafür zu sorgen, daß nur die reinsten und natürlichsten Energien in Ihrem Stein zurückbleiben.

Welche Methode Sie zur Reinigung Ihres Steins anwenden, steht Ihnen frei und ist sicherlich auch von der Zeit abhängig, die Ihnen dafür zur Verfügung steht. Ich rate Ihnen jedoch, sich einer der folgenden Methoden zu bedienen, mit denen ich bisher sehr erfolgreich war:

1. Halten Sie Ihren Stein entweder in Ihrer rechten oder in Ihrer linken Hand, und sagen Sie: »Ich will und befehle es, daß dieser Stein sich durch seine eigene Kraft reinigt.« Während Sie diese Worte sprechen, entweder laut oder still in Ihrem Innern, sollten Sie sich vorstellen, wie alle negativen Schwingungen von dem Stein abfallen und nur die natürlichen, reinen Energien zurückbleiben.

2. Halten Sie Ihren Stein unter kaltes oder lauwarmes – niemals aber unter heißes – fließendes Wasser. Wieder stellen Sie sich vor, wie die negativen Energien und Schwingungen von ihm abgewaschen werden und nur die natürlichen und reinen zurückbleiben. Trocknen Sie danach Ihren Stein nicht mit einem Handtuch ab. Lassen Sie den Stein immer auf natürliche Weise an der Luft und am besten durch die Strahlen der Sonne trocknen. Es gibt nichts, was Ihren Stein mehr energetisieren kann als die Sonne, bedienen Sie sich ihrer Kraft daher so häufig wie möglich.

Sollte jedoch wenig oder gar keine Sonneneinstrahlung vorhanden sein, dann lassen Sie Ihren Stein in der warmen Luft Ihrer Wohnung trocken.

3. Legen Sie Ihren Stein für mehrere Stunden in Salzwasser. Das Trocknen erfolgt wie oben beschrieben.

4. Vergraben Sie den Stein in Ihrem Garten. Unser Planet besteht zu mindestens einem Drittel aus Quarz, und das mächtige magnetische Energiefeld im Inneren der Erde wird Ihren Kristall von aller angesammelten Negativität befreien. Sind Sie jedoch Hundebesitzer, dann müssen Sie dabei vorsichtig sein. Hunde haben bekanntlich großes Vergnügen daran, vergrabene Dinge wieder ans Tageslicht zu befördern.

5. Legen Sie Ihren Stein für ein paar Stunden auf eine große Quarzdruse. Die starken Kristallenergien in der Druse werden schon bald alle negativen Kräfte in Ihrem Stein neutralisieren.

Das Weihen Ihres Kristalls

Da alle Quarzkristalle und Edelsteine unmittelbar auf die bewußte Absicht der Person reagieren, die sie benutzt, besteht immer die Möglichkeit, daß die Kristallenergie falsch eingesetzt oder mißbraucht wird.

Edgar Cayce zum Beispiel, der große amerikanische Seher, behauptete, daß der Untergang von Atlantis auf den Mißbrauch von geheimem Wissen und geheimen Energien durch bestimmte Priester, die von ihrer Macht besessen waren, zurückzuführen sei. Doch dazu später.

Kristallenergie in den falschen Händen kann zu negativen Zwecken eingesetzt werden, und wir sind dafür verantwortlich, die Kristalle und Edelsteine in unserem Besitz vor solchem Mißbrauch zu schützen.

Um Ihren Kristall oder Edelstein vor potentiell schädlichen Energien und Schwingungen zu bewahren, halten Sie den Stein in Ihrer Hand und weihen ihn mit den folgenden Worten seiner Aufgabe: »Ich will und befehle es, daß dieser Stein nur zu meinem eigenen und zum Wohl der Menschen, mit denen ich arbeite, eingesetzt wird.«

Ihr Stein ist nun also gereinigt und im weitesten Sinne einer Aufgabe gewidmet. Er ist nun darauf vorbereitet, programmiert zu werden.

2.
Das Programmieren eines Kristalls

Alle Kristalle und Edelsteine werden auf Ihre bewußten Absichten reagieren, egal ob diese nur in Gedanken formuliert oder laut ausgesprochen werden. Indem Sie sich einfach wünschen oder vorstellen, daß eine Kristallenergie auf eine bestimmte Weise genutzt werden soll, programmieren Sie bereits Ihren Stein. Es ist tatsächlich so einfach, wie es klingt.

Kristalle werden normalerweise für die folgenden Bereiche programmiert:

1. Meditation
2. Heilung
3. Fernheilung
4. Manifestation

1. Meditation

Weltweit, zu jeder Sekunde, praktizieren unzählige Menschen ihre Form von Meditation. Jeder Mensch findet auf seine ganz persönliche Art Trost und Beistand.

Indem Sie einen Bergkristall oder einen Amethyst in den Händen halten, während Sie die Meditationsform üben, die Ihren Bedürfnissen am ehesten entspricht, befördern und bereichern Sie die spirituelle Tiefe Ihrer meditativen Schau. Die Kristalle gestatten es Ihnen, neue und ungewohnte Erfahrungen bei Ihrer Reise in das Innere Ihrer Seele zu machen. Bisher verschlossene Räume werden sich nun vor Ihnen öffnen. Eine neue Dimension des Selbstausdrucks vermag unter Zuhilfenahme von Kristallen an die Oberfläche zu gelangen und Ihr Bewußtsein zu erweitern.

Der Amethyst ist bekannt für seine Fähigkeit, Anspannungen und körperlichen Streß aufzulösen. Ihm sind innerer Frieden und Ruhe inne; er ist der Stein der Entspannung.

Jedes Mitglied Ihrer Meditationsgruppe sollte einen eigenen Amethyst oder einen anderen Quarz haben, den es während der Meditation in den Händen hält. Im Laufe der Zeit, anfangs vielleicht nicht so deutlich, wird jeder von Ihnen nach und nach spüren, daß die Atmung an Tiefe zunimmt und rhythmischer wird und daß Sie eine vollkommen neue Welt des inneren Friedens und der Harmonie betreten.

Alle Meditationsräume profitieren in hohem Maße, wenn in allen vier Ecken je ein Quarz so plaziert wird, daß seine Spitze zum Raummittelpunkt weist. Die Kristalle sollten entweder auf dem Boden plaziert oder an der Decke befestigt werden.

Alle vier Quarzkristalle sollten darauf programmiert sein, sanfte, liebevolle und entspannende Energien auf die Teilnehmer der Meditationsgruppe auszustrahlen. Sie werden dann ein positives Energiefeld erzeugen, das jeden Anwesenden im Raum einhüllt.

Darüber hinaus ist es möglich, auch in die Mitte des Zimmers eine große Amethyst- oder eine andere Quarzdruse zu legen. Sie sollte darauf programmiert sein, wunderschöne kosmische Energie bis in jede Ecke des Raumes auszustrahlen.

Es ist von Bedeutung, ein Gruppenmitglied dafür zu bestimmen, sich um die Kristalle zu kümmern und dafür zu sorgen, daß sie alle richtig gereinigt, geweiht und programmiert sind.

Meditation mit einem Kristall

Wenn Sie Ihren Kristall bei von Musik begleiteten Meditationen in den Händen halten, dann werden Sie oft recht beeindruckende Effekte beobachten. Mitunter können Sie die Musik in Ihrem Stein in Form von Verfärbungen und Verformungen sogar sehen. Selbst wenn Sie ein Musikstück nur ganz normal anhören, ohne dabei bewußt zu meditieren, werden Sie mit dem Stein in Ihren Händen einen reicheren Musikgenuß erfahren.

Setzt man einen Quarzkristall harmonischer Musik aus, so lagern sich die Gefühle und Gedanken des Komponisten im Herzen des Kristalls ab. Lauschen Sie dann später mit Ihrem inneren Ohr dem Singen des Steins, sind Sie häufig fähig, nicht nur die Tonfolgen zu hören, sondern auch die tiefere Bedeutung des Musikstücks zu erfassen.

Es gibt viele Möglichkeiten, Ihren Quarzkristall zur Unterstützung Ihrer Meditation heranzuziehen. Haben Sie keine Scheu, zu experimentieren und neue Methoden auszuprobieren. Achten Sie auf das, was Ihr Kristall Ihnen sagt, und reagieren Sie darauf. Sie werden in der Folge beeindruckende und wertvolle Dinge erleben.

2. Heilung

Sobald Sie Ihren Quarzkristall gereinigt und geweiht haben, können Sie darangehen, ihn auch zum Zweck der Heilung einzusetzen.

Um optimale Resultate zu erzielen, sollten Sie Ihren Kristall entweder nur für die Meditation oder nur für Heilzwecke, aber nicht für beides zugleich benutzen. Die Schwingungen und Energien, die beim Heilen zum Einsatz kommen, unterscheiden sich stark von jenen, die die Meditation tragen. Ein und denselben Stein für beides einzusetzen würde nur zur Zersplitterung der Kristallenergie führen.

Kristalle sind lediglich Werkzeuge. Für sich allein betrachtet sind sie leblos, sobald sie jedoch durch den menschlichen

Geist aktiviert werden, können sie außerordentliche Kräfte entfalten.

Alle Menschen besitzen von Geburt an innere Heilkräfte, doch bleiben sie meist ungenutzt und verschüttet. Haben Sie erst gelernt, wie Sie Ihre Heilenergie durch den Kristall lenken können, um sie durch die Kristallenergie zu verstärken, so steht Ihnen eine Kraft zur Verfügung, die für unterschiedliche Heilungen eingesetzt werden kann.

Selbst wenn Sie nicht das Bedürfnis haben, zu einem professionellen Heiler zu werden, der mit Kristallen und Edelsteinen arbeitet, so bietet sich für Sie doch die Möglichkeit, innerhalb Ihrer Familie und Ihres Freundeskreises zu helfen.

Ich selbst kam eines Tages von einem Workshop zurück, den ich zum Thema Heilen mit Kristallen abgehalten hatte, und fand meinen jüngsten Sohn, Cameron, der zu diesem Zeitpunkt erst ein paar Monate alt war, sehr krank vor. Meine Frau hatte ihn zu unserem Hausarzt gebracht. Er sagte, daß der Junge ins Krankenhaus müsse, wenn sich innerhalb der nächsten Tage keine Verbesserung seines Zustandes einstelle. Mir war klar, daß etwas geschehen mußte. Als Cameron an diesem Abend schlafen gelegt werden sollte, wiegte ich ihn in meinen Armen und legte ihm meinen Kristallstab auf den Bauch. In einer Hand hielt ich außerdem meinen persönlichen Heilkristall und richtete seine Energie so aus, daß sie das Kind vollkommen einhüllte. Ich tat dies nur eine halbe Stunde lang und legte den fest eingeschlafenen Cameron dann in sein Bett. Am nächsten Morgen war er fast vollständig wiederhergestellt, und es bestand keine Notwendigkeit mehr, daß meine Frau Judith ihn ins Krankenhaus brachte.

Wenn Sie selbst mit Patienten arbeiten wollen, dann werden die folgenden Richtlinien für Sie hilfreich sein.

Am Anfang jeder Heilsitzung nehmen Sie Ihren Kristall in die Hand, die Ihnen angenehm ist, und schwingen sich auf die innere Kraft Ihres Steins ein. Wahrscheinlich werden Sie dabei ein pulsierendes Gefühl in der Hand haben, die den Kristall hält.

Als nächstes richten Sie die Spitze Ihres Heilkristalls auf Ihren Patienten und führen ihn im Uhrzeigersinn an seinen Körpergrenzen entlang. Während Sie dies tun, stellen Sie sich vor, daß aus der Spitze des Steins ein blauweißes, kristallklares Licht zum Patienten fließt und ihn einhüllt. Machen Sie dies mehrmals, um das elektromagnetische Feld zu stärken, das den Patienten umgibt.

Danach richten Sie die Kristallspitze auf den Körperbereich, von dem Sie meinen, daß er am dringendsten Heilenergie benötigt. Wieder stellen Sie sich so deutlich wie möglich ein starkes blauweißes Licht vor, das Ihrem Stein entströmt. Richten Sie es wie einen Laserstrahl auf den Körperteil, wo Ihrer Meinung nach Heilung stattfinden soll. Das blauweiße Licht wird nach und nach an Kraft zunehmen, und der energetische Austausch zwischen Ihrem Kristall und Ihrem Patienten wird intensiver.

Die Sitzung kann so lange andauern, wie Sie es für angemessen halten; instinktiv werden Sie den richtigen Moment finden, um sie zu beenden. Ist der Zeitpunkt gekommen, um die Heilung abzuschließen, so konzentrieren Sie sich darauf, das weißblaue Licht in Ihren Kristall zurückfließen zu lassen. Erneut führen Sie die Heilenergie im Uhrzeigersinn an den Körpergrenzen Ihres Patienten entlang, ohne ihn zu berühren. Schließlich ziehen Sie sich zurück und erlauben Ihrem Patienten, sich noch ein paar Minuten lang zu entspannen.

Viele meiner Patienten schlafen während der Behandlung ein, und es ist daher sehr wichtig, sie so sanft wie möglich in die Gegenwart zurückzuholen.

Es wäre gut, wenn Ihr Patient nicht gleich nach der Sitzung Auto fahren müßte, da die Heilarbeit mit Kristallen häufig eine so starke Entspannung bewirkt, daß das Ausklingen und Wiederbesinnen ein wenig Zeit braucht.

Im allgemeinen bespreche ich mit meinem Patienten seine Krankengeschichte, bevor ich eine Sitzung beginne. Doch habe ich festgestellt, daß es durchaus nicht unbedingt immer nötig ist, schon vorher die Gesundheitsstörungen eines Hilfesuchenden zu kennen.

Eine Dame, die ich in London besuchte, wollte unbedingt, daß ich meine Techniken des Heilens mit Kristallen an ihr demonstrierte. Ich tat ihr gerne den Gefallen und richtete zunächst Kristallheilenergie auf ihr sechstes Chakra (Drittes Auge). Noch während des Vorgangs berichtete sie mir, daß sie spürte, wie die Kristallenergie an ihrem Dritten Auge auftraf und durch ihren Körper in ihren Magen floß. Später erfuhr ich, daß sie sich vor einigen Wochen einer schweren Magenoperation hatte unterziehen müssen, und natürlich war es dieser Körperteil, der am meisten Heilenergie benötigte.

Ich selbst bin fest davon überzeugt, daß jede Krankheit die Folge eines Ungleichgewichts unserer natürlichen energetischen Körperschwingungen ist. Deshalb ist die grundlegende Behandlung bei allen Krankheiten mehr oder weniger gleich. Die aus der Balance geratene Schwingung muß harmonisiert werden. Das mag Ihnen zu einfach erscheinen, aber jahrelange Erfahrung hat mir gezeigt, daß wir unsere Diagnosen viel zu oft zu kompliziert gestalten.

Der Hauptunterschied zwischen der Allopathie und der Naturheilkunde ist der, daß erstere nur die Symptome behandelt, während sich Naturheilverfahren darauf konzentrieren, die Wurzeln des Gesundheitsproblems zu finden. Sobald die zugrundeliegende Ursache für die Krankheit beziehungsweise für das energetische Ungleichgewicht gefunden ist, wird es möglich, durch Heilarbeit mit Kristallen und Edelsteinen die Körperenergien wieder auszurichten und auf diese Weise die Krankheit zu heilen oder aber zumindest eine spürbare Erleichterung für den Patienten herbeizuführen.

Ihr Kristall eignet sich selbstverständlich auch zur Selbstheilung. Sie müssen lediglich die Spitze Ihres Kristalls auf die entsprechende Stelle Ihres Körpers richten und sich, wie schon zuvor, ein starkes blauweißes Licht vorstellen, das wie ein

Laserstrahl von der Spitze des Steins ausgeht und in Ihren Körper strömt.

Die Heilung mit Kristallen ist ein sehr wirkungsvolles Instrument, um sowohl den physischen als auch den mentalen Körper ins Gleichgewicht zu bringen, zu energetisieren und zu harmonisieren.

3. Fernheilung

Quarzkristalle kommen auch sehr erfolgreich im Zusammenhang mit Fernheilungen zum Einsatz. Egal ob Sie drei oder dreitausend Kilometer von Ihrem Patienten entfernt sind, die Arbeit mit Kristallen kann in beiden Fällen genauso effektiv sein. Um beste Resultate zu bekommen, sollten Sie einen Stein ausschließlich der Fernheilung vorbehalten. Es ist ausreichend, lediglich den Namen der zu heilenden Person zu kennen, da die ungewöhnliche Kristallenergie dazu in der Lage ist, allein auf der Grundlage der Schwingung des Namens zu heilen.

Sie müssen sich lediglich vorstellen, die innerhalb des Steins pulsierende Kristallenergie über die Entfernung hinweg auf den Patienten zu übertragen. Wenn Sie wissen, wie Ihr Patient aussieht, oder ein Foto von ihm besitzen, dann halten Sie den Kristall, den Sie für die Fernheilung reserviert haben, in Ihrer Hand und stellen sich dabei so deutlich wie möglich die äußere Gestalt Ihres Patienten vor und wie dieser von der Kristallenergie umgeben wird.

Nachdem Sie die Fernheilung abgeschlossen haben, ist es sehr hilfreich, den Kristall auf das Foto Ihres Patienten zu legen. Dies bringt eine Verstärkung der Kristallenergie, die auf Ihren Patienten gerichtet ist.

Auch ich benutze bei allen Fernheilungen einen Quarzkristall, den ich ausschließlich für diesen Zweck aufbewahre. Wenn ich um Fernheilung gebeten werde, dann trage ich den Namen des Patienten und die wichtigsten Informationen bezüglich seiner Krankheit in ein dazu bestimmtes Heft ein und lege meinen Fernheilungskristall auf dieses Heft. Der Quarz ist darauf programmiert, jede in das Heft eingetragene Person mit der Heilenergie zu versorgen, die sie benötigt.

Alle eingetragenen Personen bitte ich darum, sich jeden Abend um zehn Uhr auf meinen Fernheilungskristall zu konzentrieren. Sollten Sie also selbst der Heilung durch meinen Kristall bedürfen, meiner Gebete, Kräfte und Energien, so setzen Sie sich jeden Abend um die genannte Zeit (Zeitverschiebung nach England nicht vergessen!) still hin. Entspannen Sie sich, und stellen Sie sich vor, wie die Kristallenergie in Ihr Scheitel-Chakra einfließt. Denken Sie dabei an mich, und Sie werden die Heilenergie aus der göttlichen Quelle der Kristalle erhalten.

4. Manifestation

Sehr stark vereinfacht gesagt, ist das Manifestieren eine besondere Art, Ihren Kristall darauf zu programmieren, daß er Ihrem Unterbewußtsein hilft, in Ihrem Leben etwas hervorzubringen, das Sie benötigen. Beachten Sie bitte, daß ich hier mit Absicht das Wort »benötigen« und nicht »wünschen« benutzt habe. Zwischen beiden besteht ein großer Unterschied! Bevor Sie also beginnen, sich in irgendeiner Form des Manifestierens zu versuchen, ist es wichtig, daß Sie Ihr Gewissen erforschen und sich darüber Klarheit verschaffen, was genau Sie erreichen wollen und warum. Legen Sie so detailliert wie möglich fest, was Sie tatsächlich benötigen.

Um die nutzlose Verschwendung von Kristallenergie zu vermeiden, ist es auch hier wieder wichtig, einen ausgewählten Kristall nur für das Manifestieren zu benutzen.

Beachten Sie stets, daß Notwendigkeit und nicht Wunschdenken Ihr Hauptkriterium sein sollte. Wir alle würden gerne eine Million im Lotto gewinnen, aber dabei handelt es sich keinesfalls um eine Notwendigkeit!

Machen Sie es sich in einem Sessel bequem, denn wir wollen nun damit beginnen, Ihre innersten Bedürfnisse zu manifestieren.

Mit beiden Händen halten Sie Ihren Quarzkristall vor sich. Konzentrieren Sie sich auf ihn, und stellen Sie sich vor, wie Sie das Innere des Kristalls durch eine in seine Außenwand geschnittene Tür betreten. Sobald Sie durch die Tür hindurchgegangen sind, werden Sie sich in einer langen, schmalen Eingangshalle wiederfinden. Am Ende dieser Halle befindet sich eine grüne Tür mit der Aufschrift »Manifestationssaal«.

Öffnen Sie die Tür zum Manifestationssaal, treten Sie ein, und blicken Sie sich um. Die Wände sind aus reinem Gold, der Fußboden ist grün, die Decke ist mit Tausenden kostbarer Edelsteine besetzt, die in allen Farben des Regenbogens glitzern. Der Raum strahlt eine wohlige Atmosphäre von Reichtum und Wachstum aus. Rufen Sie jetzt in Ihrem Geist ein genaues Bild dessen wach, was Sie manifestieren möchten. Stellen Sie sich die Details so genau wie möglich vor, konzentrieren Sie sich mit aller Kraft, und visualisieren Sie, daß Sie schon besitzen, was Sie manifestieren wollen. Sie fühlen sich dabei sehr glücklich und entspannt und sind sich absolut sicher, daß das, was Sie benötigen, manifestiert worden ist. Verharren Sie hierbei so lange, wie es Ihnen notwendig erscheint, und wenn Sie meinen, fertig zu sein, dann verlassen Sie den Manifestationssaal und schließen die Tür fest hinter sich. Gehen Sie durch die lange Eingangshalle zurück zum Ausgang, und verlassen Sie den Kristall. Nehmen Sie einen tiefen Atemzug, entspannen Sie Ihren Körper, und öffnen Sie die Augen.

Wiederholen Sie diesen Manifestationsvorgang mindestens zweimal am Tag, am besten morgens und abends, so lange, bis Ihr Bedürfnis befriedigt worden ist.

3.
Die Heilkraft von Kristallen und Edelsteinen

Obwohl es natürlich niemals eine Garantie für eine andauernde Heilung oder Besserung geben kann, habe ich es viele Male erlebt, daß die Kristalle und Edelsteine, die ich in diesem Kapitel vorstellen will, für Menschen spürbare Verbesserungen bei vielen Krankheiten und im allgemeinen Wohlbefinden herbeigeführt haben.

Als früherer Direktor von The Crystal Research Foundation und als Direktor von Crystal 2000 war ich jahrelang dafür verantwortlich, Edelsteine, meist in der Form von Anhängern, an Hunderte von Menschen in ganz England zu schicken. Durch die Antwortbriefe, die ich erhielt, weiß ich, daß die Steine einen positiven Einfluß auf den Gesundheitszustand der Empfänger hatten.

Durch eigene Erfahrung und durch Gespräche mit Menschen, die sich ebenfalls mit Kristallen und Edelsteinen befassen, habe ich herausgefunden, daß die beste Methode, um Edelsteine zur Heilung einzusetzen, darin besteht, sie direkt mit der Haut in Kontakt zu bringen. Die meisten Menschen tragen den Stein ihrer Wahl an einer Silber- oder Goldkette um den Hals. Davon einmal abgesehen, daß der Stein seine Kraft auf diese Weise direkt entfalten kann, ist ein Edelsteinanhänger auch noch ein wunderschönes Schmuckstück.

Edelsteine können auch in der Hand gehalten werden, während man vor dem Fernseher sitzt oder ein Buch oder eine Zeitschrift liest. Sie können einen Edelstein oder Kristall nachts unter Ihr Kopfkissen legen und es der Kristallenergie auf diese Weise gestatten, während Ihres Schlafes Ihre Aura zu durchdringen.

Die heilende und therapeutische Kraft von Kristallen und Edelsteinen hat sich sogar schon bis in die Arbeitswelt hinein herumgesprochen. Vor kurzem habe ich auf einer Ausstellung über Naturheilkunde einem Firmendirektor einige große Amethystdrusen verkauft, die er auf den Schreibtischen seiner Angestellten oder im Konferenzraum plazieren wollte. Offenbar sind solche Steine momentan der Renner in den Büros der Führungsetage.

Manche Minerale unterstützen Sie darin, Ihre spirituellen Fähigkeiten zu wecken und zu fördern. Benutzen Sie den Amethyst, um Ihre Intuition zu stärken, Lapislazuli, um Weisheit und Wahrheit zu erwerben, und Mondstein, um Liebe und Gespür für andere zu entwickeln. Setzen Sie Edelsteine weise in der Verfolgung Ihrer Ziele und Bedürfnisse ein.

Machen Sie sich jedoch auch klar, daß Ihre Edelsteine nicht von sich aus Wunder wirken. Um Ihnen wirklich helfen zu können, brauchen sie liebevolle Fürsorge, Aufmerksamkeit und Ihre geistige Hinwendung an ihre einzigartigen Fähigkeiten und Eigenschaften.

Achat

Ein Quarz, dem nachgesagt wird, daß er die natürliche Vitalität und Energie des Trägers zu erhöhen und sein Selbstvertrauen zu steigern vermag. Er ist besonders hilfreich für Sportler und Menschen, die sich Tests und Examina unterziehen müssen, sowie allgemein für Personen, denen größere geistige oder körperliche Leistungen abverlangt werden. Achat gleicht die Gefühle aus, beruhigt Körper, Geist und Emotionen. Er unterstützt ganz allgemein Heilungsprozesse, senkt Fieber, festigt schwaches Zahnfleisch, macht Mut und löst Angst auf. Er hilft, die Kraft der Beredsamkeit zu entwickeln. Er ist der Stein der Gesundheit und des Glücks.

Achat (mit blauer Bänderung)
Ein besonders beruhigend wirkender Stein, der den Selbstausdruck unterstützt. Strahlt eine kühle und besänftigende Energie aus, mit der rote Energien, die mit Wut, Infektionen, Entzündung, Fieber usw. einhergehen, neutralisiert werden können. Unterstützt die Öffnung des Kehl-Chakras.

Albit
Stärkt Lungen, Milz und Thymusdrüse.

Alexandrit
Wirkt positiv auf Nervensystem, Milz, Bauchspeicheldrüse und Hoden. Kann zur Unterstützung der Farbtherapie herangezogen werden.

Amazonit
Wird allgemein dazu benutzt, das Nervensystem zu beruhigen und jenen Erleichterung zu verschaffen, die unter Gefühlsschwankungen leiden. Unterstützt auch Stoffwechsel und Wachstum. Fördert klaren sprachlichen Ausdruck. Reguliert und verbessert die Denkfähigkeit.

Amethyst
Ein violettfarbener Quarz, der als besonders spiritueller Stein bekannt ist und allgemein zur Heilung und Meditation benutzt wird. Es heißt, daß ein Amethyst unter dem Kopfkissen dem Schläfer zu intuitiven Träumen und geistiger Inspiration verhilft. Viele Heiler halten ihn bei der Bekämpfung von Schlaflosigkeit für wirkungsvoll und sprechen ihm tröstende Eigenschaften in Zeiten der Trauer zu. Der Amethyst reinigt, klärt und hilft gegen Abhängigkeiten, Streß und Anspannung.

Er schützt vor Blutkrankheiten, Vergiftungen, Akne, Neuralgien und epileptischen Anfällen. Beruhigt den Verstand, regt den Geist an, fördert intuitives Denken und bringt es ins Gleichgewicht, schützt vor negativen Schwingungen.

Anhydrit
Stärkt Nieren und Eierstöcke.

Apatit
Stärkt das Muskelgewebe und koordiniert grundlegende motorische Reaktionen. Verschafft Stotterern Erleichterung, wirkt gegen Bluthochdruck.

Aqua-Aura
Verbessert den Zustand von Herz, Lungen, Hals und Thymusdrüse. Eignet sich für Personen, die unter emotionalem Trauma leiden. Löst die Art von gefühlsbedingten Spannungen auf, die tief im Innern des Körpers verborgen sind. Unterstützt die Meditation.

Aquamarin
Ein blauer, durchsichtiger Beryll, dem Heilkraft insbesondere im Zusammenhang mit Augen, Leber, Hals, Magen, Nerven und Drüsen nachgesagt wird. Löst Zahnschmerzen auf und verbessert die Sehfähigkeit. Bewahrt die Unschuld. Schärft den Intellekt und erhöht das Bewußtsein für das eigene Ich. Er ist außerdem dafür bekannt, klares und logisches Denken zu fördern, und wird daher oft von Personen mitgeführt, die eine Prüfung zu bestehen haben oder sich einem Einstellungsgespräch stellen müssen. Sorgt für Inspiration und neue Ideen.

Atacamit
Stärkt Genitalbereich, Schilddrüse und Nervensystem. Wird gegen Geschlechtskrankheiten, auch gegen Herpes, eingesetzt.

Aurichalcit
Wie bei Smithsonit.

Aventurin
Soll bei Migräne Erleichterung verschaffen und die Augen beruhigen. Traditionell wird dieser Quarz über Nacht in Wasser aufbewahrt, am nächsten Tag werden dann die Augen mit diesem Wasser gespült. Aventurinwasser kann auch verwendet werden, um Hautirritationen zu bekämpfen. Darüber hinaus wirkt der Stein beruhigend, entspannend und schlaffördernd. Er löst Anspannung und Schock auf. Verbessert die Vitalität, bringt den Blutdruck ins Gleichgewicht. Ermutigt zu Kreativität und schenkt dem Träger Ernsthaftigkeit, Unabhängigkeit und Mut.

Azurit
Ein tiefblaues Kupferkarbonat, dem nachgesagt wird, daß es die seelische Entwicklung fördert. Ein Stein von sehr kräftiger Ausstrahlung. Er unterstützt die Meditation und hat die Fähigkeit, sogar in tiefste unbewußte Ängste einzudringen. Wird als allgemeiner Heilstein eingesetzt, lindert speziell Arthritis und andere Gelenkentzündungen, vor allem in den Hüften.

Bergkristall
Dieser Quarz zieht die Kraft des Lichts an. Er ist ein hervorragender Heiler und ein dynamisches Arbeitsmittel. Mit ihm werden auf allen drei Ebenen gute Ergebnisse erzielt: Stärkung, Reinigung und Schutz. Reinigt die Luft. Schützt gegen schädliche elektrische Strahlung. Unterstützt den Träger darin, intuitiv zu denken. Verstärkt und übermittelt feine Schwingungen. Als Symbol der Ganzheit enthält er alle vier Elemente der Schöpfung. Unterstützt die vollständige Entwicklung und Integration des Seins einer Person. Trägt zur Ausdehnung, Ausrichtung, Lenkung, Übertragung und

Speicherung von Energie bei. Seine Fähigkeit, die übersinnlichen Zentren zu öffnen und auf diese Weise tiefere Meditation und die Befreiung des Geistes vom Irdischen und Gewöhnlichen zu fördern, wird für seine beste Eigenschaft gehalten. Bergkristall befreit das höhere Bewußtsein und entwickelt mystische und spirituelle Gaben.

Bernstein
Es handelt sich nicht wirklich um einen Stein, sondern um das gelbbraune fossile Harz von Nadelbäumen. Bernstein ist besonders wirkungsvoll bei Halsentzündungen und bronchialen Störungen, aber auch bei einer Neigung zu Asthma oder Krämpfen. Hilft zudem bei Rheumatismus, Darmbeschwerden, Ohrenschmerzen, Blasenreizungen und bei Mangelerscheinungen, die Knochenmark und Nerven angreifen. Beruhigt, absorbiert negative Energien und regt den Körper zur Selbstheilung an. Wird auch dazu verwendet, um einen Bann zu schlagen oder zu brechen. Trägt zur Auflösung von Depressionen und Selbstmordneigungen bei.

Beryll
Ist hilfreich sowohl bei Herz- und Leberproblemen als auch bei Mund-, Magen- und Halsentzündungen. Stärkt den Intellekt und die Willenskraft, schützt vor Dummheit und geistiger Verwirrung.

Blauquarz
Ein seltener Quarz, der hauptsächlich in Brasilien vorkommt. Medial begabte Menschen sagen, daß er in Lemurien eingesetzt wurde, um das Herz-Chakra zu öffnen und die Lebensdauer zu verlängern. Er wird mit karmischen Mustern, die Herzensangelegenheiten betreffen, assoziiert. Er unterstützt allgemein Genesungsprozesse und das Ausscheiden von Giftstoffen aus dem Körper. Dieser Kristall balanciert sowohl das Herz- und das Kehl-Chakra untereinander aus als auch die

feinstofflichen Körper. Menschen, die unter Depressionen leiden oder unter einer unnatürlichen Angst davor, alt zu werden, profitieren oft sehr von einer Behandlung mit Blauquarz. Er öffnet den Menschen für die wahre Ausdruckskraft seiner spirituellen Qualitäten und erhöht allgemein den Selbstausdruck und die Kreativität. Verbessert den Zustand von Herz, Lungen, Hals und Thymusdrüse. Eignet sich für Personen, die unter einem emotionalen Trauma leiden. Löst die Art von gefühlsbedingten Spannungen auf, die tief im Innern des Körpers verborgen sind.

Boji-Stein
Besitzt allgemeine Heilqualitäten und unterstützt die Gewebeneubildung. Stärkt alle Chakras und Meridiane.

Calcit (gelb)/Goldcalcit
Ist Träger des goldenen Heilstrahls. Wirkt tröstend und löst Depressionen auf. Zeigt Wirkung bei den meisten Krankheiten.

Calcit (grün)
Hilft Nieren, Milz und Bauchspeicheldrüse. Entfernt Gifte aus dem Körper und löst Angstvorstellungen. Unterstützt geistige Klarheit, lindert Sorgen, beruhigt ungestüme Energien. Erweitert das Bewußtsein, unterstützt die Intuition, verbindet parallele Realitäten. Gut bei geistigen Veränderungen.

Calcit (orange)
Unterstützt die Gallenblase, stärkt die körperliche Kraft und erweitert das Bewußtsein.

Chalcedon
Verbessert Knochenmark, Milz, rote Blutkörperchen und Herzgewebe. Stimuliert Optimismus und fördert spirituelle und künstlerische Kreativität.

Chalkopyrit
Wirkt aufhellend bei hartnäckigen Sorgen. Lenkt das Bewußtsein in Richtung Fülle und Wohlstand.

Charoit
Löst Ängste auf, auch die Angst vor der Angst. Läßt verborgene Ängste ins Bewußtsein aufsteigen, um sich ihnen stellen und sie lösen zu können.

Chrysokoll
Führt zu Erleichterung bei nervöser Anspannung, emotionalen Blockaden, bei Darm- oder Magenproblemen. Wirkt ausgleichend, reinigt von aller Negativität, schenkt inneren Frieden und Zufriedenheit.

Chrysolith
Schützt den Blinddarm. Wirkt allgemein gegen Blutvergiftung und Virusinfektionen.

Chrysopras (gelbgrün)
Wirkt positiv auf Vorsteherdrüse, Hoden, Eileiter und Eierstöcke. Steigert die Fruchtbarkeit.

Chrysopras (apfelgrün)/Gem Silica
Setzt Willensstärke frei und hilft bei Depressionen und Antriebsschwäche. Ein weiblicher Stein, ideal bei schmerzhafter Menstruation und prämenstruellen Spannungen. Hilft nach Fehlgeburten, Abtreibungen und operativer Gebärmutterentfernung. Unterstützt den Geburtsvorgang, wenn der Stein während der Wehen gehalten, um den Hals getragen oder auf ihn meditiert wird. Senkt Fieber, heilt Verbrennungen, beruhigt die Nerven, bringt die Schilddrüse ins Gleichgewicht, hilft bei Problemen mit der Stimme und bei Verspannungen im Nacken- und Schulterbereich. Unterstützt die Entwicklung von Geduld, Sanftmut, Toleranz, Mitgefühl und Demut.

Schenkt Frieden, Ernsthaftigkeit und emotionale Ausgeglichenheit; mildert Trauer und Zorn. Ist gut für Männer, denen
es schwerfällt, Gefühle auszudrücken. Hervorragender Stein
für die Meditation, unterstützt unter Umständen die Entwicklung der Hellsichtigkeit.

Citrin
Gelbfarbener Quarz, dem nachgesagt wird, daß er den
Menschen Orientierung verschafft, die ihren Weg im Leben
verloren haben. Hilft, Gefühle zu kontrollieren, und hat
Auswirkungen auf Beziehungen und Selbsterkenntnis. Steigert
Selbstwertgefühl, löst Gefühlsblockaden auf und regt die
Traumaktivität an. Soll auch Personen helfen, die unter
schwachem Blutkreislauf leiden. Stärkt das Immunsystem, un-
terstützt die Gewebeneubildung. Schafft Erleichterung bei
Vergiftungen, insbesondere im Drüsen- und Verdauungs-
system. Hilft bei Diabetes und Depressionen. Aktiviert
geistige Kräfte und schafft die Voraussetzung für klarere
Gedanken. Hebt das Selbstbild durch das Einfließenlassen
von mehr Vertrauen in Beziehungen und in die Umgebung.
Verbessert allgemein die Lebensqualität und sorgt manchmal für Wohlstand. Reduziert schädliche Auswirkungen von
Elektrogeräten.

Coelestin
Unterstützt den Abbau von Spannungen, öffnet den Geist und
fördert die Achtsamkeit. Beruhigt den überaktiven Geist und
entspannt die Muskeln. Erhöht die Bewußtheit. Fördert das
friedliche Miteinander und harmonisiert die Wechselwirkung
mit anderen Aspekten der Schöpfung.

Diamant
Der Meisterheiler. Ein außerordentlich machtvoller Stein.
Wird benutzt, um Blockaden und alle emotionale Negativität
aufzulösen.

Dioptas

Ein smaragdgrünes Kupfersilikat. Allgemein zum Heilen geeignet; befreit von geistigem Streß, eröffnet inneren Reichtum, fördert Entspannung, Liebe und emotionale Ausdruckskraft. Heilt die Teile von Leib und Seele, die in einer Phase des Kummers emotional zu kurz gekommen sind. Eignet sich für Personen, die sich wegen Verlusterfahrungen davor fürchten, wieder zu lieben. Fördert die Heilung des Herzens und befähigt dazu, erneut zu vertrauen.

Dolomit

Hilft Personen, denen es an Findigkeit mangelt und die akute Angst vor persönlichem Versagen haben.

Fluorit

Integriert Spiritualität ins Materielle und führt Erleuchtung herbei. Schließt Energielecks in der Aura. Erdet, gleicht die eigenen Energien aus und sorgt für ihre Ausrichtung. Absorbiert und transformiert Energien. Öffnet die Chakras. Unterstützt die Heilung von Körper und Geist. Stärkt das Knochengewebe, vor allem auch den Zahnschmelz. Hilfreich bei Zahnkrankheiten, Lungenentzündung und Virusinfektionen.

Gagat

Eine sehr harte, glänzende Art natürlichen Kohlenstoffs. Beugt tiefen Depressionen vor, löst Ängste auf. Schützt vor Gewalt und Krankheit. Hilft bei Trauer. Wird zur Eindämmung und Erleichterung von Migräne und gegen Kopfschmerz direkt hinter den Augen eingesetzt.

Galenit

Stärkt Lungen, Schilddrüse und Nervensystem. Schützt gegen Depressionen und Hautkrankheiten. Fördert Selbstvertrauen, Stolz und Erfolg. Verbessert das Vorstellungsvermögen.

Granat

Erhöht allgemein die Spannkraft auf körperlicher, geistiger und emotionaler Ebene. Wirkt regenerierend und belebend, stärkt das Blut und hilft bei Blutarmut und Kreislaufproblemen. Schützt gegen Infektionen, Depressionen und Hautkrankheiten. Bringt die eigenen körperlichen Kräfte ins Bewußtsein und ist besonders den Menschen zu empfehlen, die Selbstachtung und Selbstvertrauen verbessern und ihren Mut zu Veränderungen steigern müssen. Erhöht die Vorstellungskraft. Unterstützt Traumarbeit und Erinnerung an vergangene Leben. Verstärkt Entschlossenheit, Kraft und Mut. Zieht Liebe an und läßt Bindungen eingehen.

Grossular

Wird angewandt, um Personen zu behandeln, die sich von allen Menschen ihrer Umgebung angegriffen fühlen.

Hämatit

Als natürliches Eisenoxid schafft Hämatit Erleichterung bei allen Blutkrankheiten. Reduziert den durch Flugreisen hervorgerufenen Streß, bekämpft Schlaflosigkeit. Fördert die Fähigkeit der Astralprojektion. Verhilft zu Ausgeglichenheit, Ausrichtung sowie zur Bündelung und Konzentration von Energien. Steigert angeblich den Mut. Es wird auch behauptet, daß der Stein das Herz stärkt und Bluthochdruck senkt.

Heliotrop (Blutjaspis)

Ein tiefgrüner, rotgesprenkelter Stein, der angeblich Depressionen und Melancholie überwinden hilft, vor allem wenn der Leidende den Stein direkt auf der Haut trägt. Er soll auch gegen Erkrankungen helfen, die eher gefühlsbedingt sind als körperliche Ursachen haben. Heliotrop reinigt das Blut und entgiftet die Organe, vor allem Leber, Nieren und Milz. Er öffnet den Körper für das Licht, schenkt Lebenskraft, stärkt den Idealismus und den Willen, Gutes zu tun. Verstärkt

Begabungen, stimuliert die Kundalini und bringt alle Chakras ins Gleichgewicht.

Herderit
Stimuliert Bauchspeicheldrüse und Milz, wirkt ausgleichend bei heftigen Gefühlsschwankungen.

Herkimer Diamant
Bewirkt die Auflösung von Streß und Anspannungen im gesamten Körper. Erhöht die Wirksamkeit anderer Kristalle, wenn er zum Abschluß der Heilsitzung eingesetzt wird. Ist besonders wirkungsvoll zusammen mit dem Boji-Stein.

Howlith (Magnetit)
Ein natürliches Eisenerz. Unterstützt das Verdauungssystem, vor allem Magen und oberen Darm. Verringert Ängste, Depressionen, Frustration und falsche Hoffnungen. Stärkt den Astralkörper. Öffnet Geist und Verstand für neue Ideen, stimuliert den Intellekt, verbindet linke und rechte Gehirnhälfte und ermöglicht so die Interaktion zwischen Verstand und Gefühl. Fördert Analysefähigkeit, Kreativität, psychische Entwicklung, Gedächtnis, Empfänglichkeit für Botschaften aus anderen Welten sowie Willensstärke. Soll angeblich auch die Sauerstoffzufuhr im Blut steigern, das Kreislaufsystem allgemein stärken und verstopfte Atemwege befreien.

Hyazinth
Eine Varietät des Zirkons. Führt spirituelle Sicht und Verständnis herbei. Unterstützt Gebärende. Wirkt gegen Schlaflosigkeit.

Jade
Ein blaßgrüner Edelstein, dem nachgesagt wird, daß er Nieren-, Blasen- und Augenproblemen entgegenwirkt. Gelbe Jade soll die Verdauung unterstützen. Als Schmuckstück getragen,

schützt er vor Feinden und auf langen Reisen. Jade wird auch angewandt, um Glück herbeizurufen. Er ist der Stein für Weisheit, langes Leben und friedlichen Tod. Unterstützt luzides Träumen. Im alten China und Ägypten war Jade ein weitverbreiteter Talisman für Reichtum, Freundschaft und Treue.

Jaspis
Wirkt sowohl belebend als auch stabilisierend. Bringt dem rastlosen Geist Ruhe. Führt einen gleichmäßigen, rhythmischen Puls herbei. Soll den Geruchssinn verbessern und Depressionen überwinden helfen. Roter Jaspis enthält Eisenoxide, die in der Medizin zum Stillen von Blutungen verwendet werden. Daher wird behauptet, daß dieser Stein auch bei Bluterkrankungen hilft. Wird zudem bei Verdauungs- und Magenproblemen, bei Gallen- und Blasenstörungen eingesetzt. Schützt gegen Magie, beruhigt die Nerven.

Karneol
Ein rotgetönter Quarz. Unterstützt das Verständnis der eigenen Rhythmen und Zyklen. Es heißt, daß er Unterleibskrämpfe lindert, wenn er während der Menstruation in einem Säckchen um den Hals getragen wird. Stärkt die Stimme. Hilft gegen Rheumatismus und Arthritis, Depressionen und Neuralgien. Unterstützt den Tastsinn. Wird bei Unfruchtbarkeit und Impotenz eingesetzt. Lindert Blutvergiftung, Fieber, Infektionen und Nasenbluten. Ist hilfreich bei Behandlung von Hautreizungen, Krämpfen und Wunden. Schützt vor negativen Energien, erhebt den Geist, erdet Energien und unterstützt die Konzentration, indem er den Verstand klärt und die Ausrichtung auf bestimmte Gedanken fördert. Hilft Tagträumern und Personen, die geistesabwesend sind.

Konichalcit
Ein aufmunternder Stein. Unterstützt symbolische Wiedergeburt, verstärkt neugetroffene Beschlüsse.

Koralle
Harte Substanz aus den Skeletten verschiedener Meerespolypen. Soll allgemein körperliches und geistiges Wohlbefinden fördern und insbesondere jenen helfen, die unter Blutarmut, Blasenerkrankungen, Koliken und Keuchhusten leiden. In vielen Teilen der Welt wird geglaubt, daß Koralle böse Gedanken von Menschen, die einem übelwollen, abwehrt.

Korund
Ein sehr hartes Aluminiumoxid. Es wird insbesondere als Schleifmittel eingesetzt; seine farbigen Varietäten Rubin (rot) und Saphir (blau) werden später noch besprochen.

Krokydolith
Wird bei Personen angewandt, die sich zu stark mit ihren persönlichen Begrenzungen beschäftigen.

Kunzit
Lindert Blutarmut, unterstützt die Hautverjüngung. Schafft Gleichgewicht zwischen Herz und Kopf, löst Gefühlsblockaden auf. Vermag in der Meditation negative Gefühle und quälende Geisteszustände auszugleichen.

Kyanit
Wird an den Meridianpunkten eingesetzt, um den Energiefluß zu stimulieren, und an den Chakras, um Blockaden aufzulösen. Unterstützt die Erinnerung an vergangene Leben, wenn er auf das Dritte Auge gelegt wird. Verstärkt die Empfänglichkeit für Botschaften aus anderen Realitäten (Channeling), bewirkt veränderte Bewußtseinszustände, lebhafte Träume, klare Vorstellungskraft. Ein Stein der Treue, Achtung und Ernsthaftigkeit. Messer aus Kyanit ermöglichen Operationen an der Aura. Sie durchschneiden auch Schichten von falschen Auffassungen und schaffen so Energiebahnen für neue Gedanken.

Lapislazuli

Ein prächtiges blaues Mineral, das die alten Ägypter »Stein des Himmels« nannten. Viele glauben, daß die Gesetze, die Moses erhielt, in Tafeln aus Lapislazuli eingraviert waren. Verhindert angeblich epileptische Anfälle und verbessert die Sehfähigkeit. Unterstützt Herz und Milz; schützt gegen Schlaganfall; hilft, Depressionen aufzulösen. Unterstützt auch die Suche nach Weisheit und Wahrheit. Ist ein Symbol der Macht und reinigt sowohl Geist als auch Intellekt. Unterstützt die psychische Entwicklung und geistige Stabilität. Schenkt Hoffnung und Selbstbewußtsein, unterstützt bei der Begegnung mit der eigenen dunklen Seite. Der Stein der Freundschaft. Durchschneidet die Oberflächlichkeit, um zu innerer Wahrheit zu gelangen. Reinigt die Aura.

Larimar

Wirkt beruhigend bei Hals- und Mandelentzündung. Unterstützt den Ausdruck neuer Ideen. Schafft Harmonie zwischen Herz und Verstand. Hilft bei Schizophrenie. Verwandelt Zorn, Gier und Frustration in Frieden; beruhigt überschüssige Energien und gleicht sie aus.

Lasurit

Fördert Visionen und verstärkt Gedankenformen. Wird auch zur Gewebeverjüngung eingesetzt.

Lazulith

Stimuliert und stärkt Zirbeldrüse und Leber.

Lepidolith

Verbindet Herz und Verstand; heilt das, was hier bislang trennend wirkte. Wird bei der Behandlung von Schizophrenie eingesetzt.

Lepidolith mit Rubellit
Hilft verschlossenen, schüchternen Menschen, denen es unmöglich ist, Liebe offen auszudrücken.

Luvulith (Sugilith)
Stellt das Gleichgewicht zwischen Zirbeldrüse, Hirnanhangdrüse und den beiden Gehirnhemisphären wieder her. Hilft bei Autismus, Lese- und Rechtschreibschwäche, Epilepsie, körperlichen Koordinationsschwierigkeiten, Sehschwäche und spirituellen Problemen.

Magnetit
Stimuliert das endokrine System. Verbessert die Durchblutung. Unterstützt die Meditation.

Malachit
Ein grünes Kupferkarbonat. Es wird behauptet, daß er bei der Behandlung von Rheumatismus wirksam ist und für eine regelmäßige Menstruation sorgt. Wird auch bei Asthma und Zahnschmerzen eingesetzt. Verbessert die Sehfähigkeit. Hebt die Stimmung und bringt Hoffnung, Gesundheit und Glück. Schafft Wohlstand. Unterstützt weise Lebensprinzipien und die Auflösung von geistigen Blockaden, die Wachstum verhindern. Mildert alle Formen von Stauungen im Körper und hilft bei Verwirrung, dem Gefühl von Sinnlosigkeit und Unsicherheit.

Markasit
Stärkt auf sanfte Weise den Körper. Gibt das Gefühl, mit Problemen und Schwierigkeiten allgemein besser fertig zu werden.

Mimetesit
Unterstützt Kommunikation; erdet und schützt.

Moldawit

Der durchsichtige grüne Stein stammt nicht von der Erde. Ein einziges Mal, wahrscheinlich vor fünfzehn Millionen Jahren, ging ein Meteorit dieser Gesteinsart auf der Erde nieder. Der Moldawit ist damit einer der seltensten Edelsteine. Schafft Erleichterung bei Epilepsie, geistiger Unausgeglichenheit und Funktionsstörung sowie bei Autismus beziehungsweise übermäßiger Empfindlichkeit und Schüchternheit. Unterstützt die bewußte Kommunikation mit der Sternenheimat und ist ein Balsam für die tiefe Sehnsucht vieler Menschen, wieder »nach Hause« zu finden. Moldawit hilft, den wirklichen Sinn des eigenen Lebens zu sehen. Ein Stein für die Transformation. Wer mit Moldawit ernsthaft arbeiten will und ihn annimmt, dem stellt er auch seine ganze Kraft zur Verfügung. Moldawit eignet sich jedoch nicht für jeden. Wenn Sie sich, während Sie diese Zeilen lesen, sofort von der Vorstellung angezogen fühlen, sich näher mit diesem faszinierenden Stein zu befassen, dann werden Sie auch intuitiv spüren, ob es richtig für Sie ist, einen Moldawit zu erwerben oder nicht.

Mondstein

Ein opalisierender Feldspat, der für langes Leben und Glück steht. Wer ihn besitzt, dem werden der Überlieferung nach Freundschaft und Treue geschenkt. Dient als Vermittler zwischen Verstand und Gefühlen, bewirkt Seelenfrieden und macht dem Träger das eigene innere Selbst zugänglich. Besänftigt Gefühle und gleicht sie aus. Die Heilkraft des Steines wird dazu benutzt, um überschüssiges Wasser aus dem Körper zu leiten und damit verbundene Schwellungen zu verringern. Wird auch bei Frauen angewandt, die unter prämenstruellen Spannungen leiden. Schenkt Inspiration, ermutigt zu persönlichen Bindungen. Fördert die Liebe zur Menschheit sowie Romantik und Empfindsamkeit.

Moosachat
Reinigt den emotionalen Körper und setzt dabei Wut und Frustration frei.

Morganit
Stärkt Kehlkopf, Lungen, Schilddrüse und Nervensystem.

Morion
Ein Rauchquarz, der so dunkel ist, daß er statt braun schwarz erscheint. Eignet sich ausgezeichnet zur Erdung.

Onyx
Eine Varietät des Achats. Ist bekannt dafür, Konzentration und Hingabe zu erhöhen, und wird wahrscheinlich deshalb so häufig zu Rosenkränzen verarbeitet. Hilft sowohl bei Gehör- und Herzproblemen als auch bei Geschwüren.

Opal
Unterstützt die Lungen, verstärkt die Aufnahme von Proteinen. Hilft, das Temperament unter Kontrolle zu halten, und beruhigt die Nerven. Unterstützt darin, übersinnliche Fähigkeiten zu entwickeln. Wird manchmal als Unglück bringender Stein betrachtet, vielleicht weil er einen Widerhall der eigenen Gedanken, ob gut oder schlecht, erzeugt. Vor allem aber ist er ein Stein der Liebe. Ist jedoch der Liebende, der ihn besitzt, nicht aufrichtig, dann bewirkt der Stein genau das Gegenteil und zeigt negativen Einfluß.

Optischer Calcit
Verbessert die Sehfähigkeit. Bringt spirituelles Verständnis in schwierigen Situationen und Sachverhalten. Hilfreich bei jeder Form von Rückführungstherapie.

Peridot
Wird als hilfreich bei Schlafstörungen empfunden, unterstützt die Verdauung und beruhigt das Nervensystem. Hilft bei verletzten Augen. Reinigt und heilt verletzte Gefühle, kittet zerbrochene Beziehungen. Zieht okkulte Kräfte auf den Anwender. Entwickelt inneres Sehen und ist der Stein der Seher. Wirkt Negativität entgegen und öffnet den Geist. Erhöht die Spannkraft, heilt den Körper und kann nützlich sein, um Fieber zu senken. Wird auch benutzt, um emotionale Zustände wie Wut und Eifersucht zu behandeln.

Perle
Vermehrt Antikörper und bekämpft Infektionen.

Perlmutt
Stärkt das Muskelgewebe, insbesondere im Umkreis des Herzens. Ausgezeichnet bei der Behandlung von degenerativen Wirbelsäulenerkrankungen.

Quarz (allgemein)
Schafft Erleichterung bei Durchfall, Schwindelgefühl, Hämorrhagie, Nierenproblemen, Krämpfen. Verringert jeden beliebigen Schmerz.

Rauchquarz
Zerstreut negative Muster und Schwingungen und übermittelt viel Licht. Ein Glücksbringer. Schützt Soldaten im aktiven Dienst. Verbessert das Funktionieren von Magen, Nieren, Bauchspeicheldrüse und Sexualorganen. Erhöht den Energiepegel und die Fruchtbarkeit. Fördert Überlebensinstinkte. Stimuliert und reinigt die Energiezentren. Erdet und stabilisiert Energien, löst Depressionen auf. Reinigt den Körper von negativen Energien, nimmt sie auf und ersetzt sie durch positive.

Rhodochrosit

Beugt Nervenzusammenbrüchen vor, verschafft Ausgleich bei körperlichen und emotionalen Traumata. Verbessert die Sehfähigkeit sowie die Funktion von Nieren, Bauchspeicheldrüse und Milz. Erzeugt die Bereitschaft zu vergeben, heilt emotionale Wunden, zieht Liebe an. Hilft, sich der Realität und neuen Situationen zu stellen. Unterstützt die Integration der körperlichen, geistigen und emotionalen Ebene.

Rhodonit

Stellt körperliche Kraft wieder her, vor allem nach einem Schock oder Trauma. Stärkt das innere Ohr und verbessert auch allgemein die Hörfähigkeit. Unterstützt die Vitaminaufnahme. Verstärkt die Sprachbegabung, erhöht die Selbstachtung. Hilft, auch im Alltag stets liebevoll zu bleiben, indem er eine entschlossene Haltung unterstützt, die jedoch nicht aggressiv ist.

Rhyolith (Liparit)

Verjüngt und macht schön. Hilft, den Selbstausdruck zu verstärken und mit größerer Klarheit zu sprechen.

Rosenquarz

Einer der Steine, der angeblich am wirkungsvollsten gegen Migräne und Kopfschmerzen aller Art ist. Beruhigt die Gefühle, hilft bei Leiden, die durch emotionales Trauma verursacht wurden. Heilt die durch Vernachlässigung entstandenen psychischen Wunden. Soll auch die Vorstellungskraft und den Intellekt stimulieren und das Herz für inneren Frieden, Selbstliebe und Selbsterkenntnis öffnen. Entfaltet große Heilkraft im Zusammenhang mit inneren Verletzungen, Bitterkeit, Trauer. Fördert die Fähigkeit, zu vergeben, zu lieben und Freundschaften zu schließen. Macht empfänglicher für Schönheit, beschleunigt die Genesung und erfreut das Herz. Rosenquarz ist der Venus- oder Liebesstein.

Roter Glaskopf
Unterstützt die Erdung der eigenen Energien und tiefer Meditation auf der Seelenebene.

Rubin
Ein tiefroter, durchsichtiger Edelstein, eine Varietät von Korund. Unterstützt intuitives Denken und erhöht angeblich auch das Energieniveau und die Kreativität. Wird häufig genutzt, um Störungen, von denen das Blut betroffen ist, wie beispielsweise Blutarmut, zu niedriger Blutdruck und Menstruationsprobleme, zu lindern. Man verwendet ihn auch bei der Behandlung von Rheumatismus und Arthritis. Senkt Fieber, lindert Schmerzen und Krämpfe. Verringert Sorgen, hebt die Stimmung, stärkt das Vertrauen, die Intuition und spirituelle Weisheit; verleiht Energie und Mut. Ermuntert diejenigen dazu, für sich selbst zu sorgen, die unter einem Mangel an Selbstwertgefühl leiden.

Rutilquarz
Hilft bei Atembeschwerden wie Asthma und Bronchitis. Fördert die Gewebeerneuerung. Gleicht unterschiedliche Bewußtseinsebenen aus. Verbessert die Entschlußkraft und stärkt den Willen.

Saphir
Hilft, Blutungen zu stillen, verringert Schlaflosigkeit und Nervosität. Steht stellvertretend für Freundschaft und Liebe, zieht gute Einflüsse an. Schenkt dem Träger Demut, Glauben, Vorstellungsvermögen und Seelenfrieden.

Sardonyx
Stimuliert Selbstkontrolle und Schutz

Schneeflockenobsidian
Holt Sie auf den Boden der Tatsachen zurück; hilft, sich der

Verantwortung zu stellen. Ein Stein des Wandels, der Metamorphose, Reinigung, Erfüllung, des inneren Wachstums und der Introspektion. Lenkt negative Energien ab.

Schneequarz

Stärkt das Immunsystem. Besitzt eine weichere Energie als klare Quarzkristalle. In der Meditation angewendet, schenkt er Ernsthaftigkeit und die Kraft zur Kontemplation.

Selenit

Einer der kraftvollsten Heilsteine. Beruhigt und klärt den gequälten Geist, unterstützt die Meditation und Visualisation. Stabilisiert Emotionen, bringt sie unter Kontrolle. Hilft dabei, die innersten Gedanken zu klären, und erweitert die eigenen geistigen Kräfte. Wird benutzt, um die Erinnerung an vergangene Leben zu fördern, und wird in der Rückführungstherapie eingesetzt. Kann in jeder Kristallheilungssitzung angewandt werden, sollte jedoch nur von einem erfahrenen Kristallheiler benutzt werden, der die starken Energien leiten und mit ihnen umgehen kann.

Smaragd

Leuchtendgrüne Varietät des Berylls, die Intellekt und Gedächtnis fördert. Hilft bei müden Augen und gegen Schlaflosigkeit. Fördert die Redegewandtheit. Verleiht die Fähigkeit, in die Zukunft zu sehen, und sichert den Erfolg im Beruf. Wirkt gefühlsstabilisierend. Löst angeblich emotionale Traumata auf. Öffnet das Herz für Liebe, Frieden und Heilung.

Smithsonit

Beruhigt und klärt, läßt sich gut in Situationen anwenden, die von Angst beherrscht werden. Hilft nach Nervenzusammenbrüchen, entspannt verkrampfte Muskeln, kommt auch bei Geburten sinnvoll zum Einsatz. Neutralisiert rote Energien.

Sodalith

Ein guter Stein für übersensible und sich ständig in einer Verteidigungshaltung befindende Personen, vergrößert Mut und Durchhaltekraft. Gleicht aus, beruhigt den Geist und klärt starre Denkmuster. Unterstützt logisches und vernünftiges Denken und den Intellekt. Erweitert den Blickwinkel. Blauer Sodalith ist dafür bekannt, daß er den Blutdruck senkt und den Stoffwechsel harmonisiert. Unterstützt den Schlaf.

 ## Spinell

Zieht Hilfe an. Verleiht dem Träger einen starken Charakter.

Staurolith

Wird benutzt, um Menschen zu helfen, die übervorsichtig sind oder unter Zweifeln leiden.

Thulit

Hilft jenen, die sich einer Situation oder Beziehung verweigern, weil sie auf sie entmutigend wirkt.

Tigerauge

Soll der Hypochondrie und psychosomatischen Krankheiten den Boden entziehen. Vermittelt Selbstvertrauen. Besonders dann gut, wenn man zwar verwirrt und emotional angegriffen ist, aber dennoch klar denken und ein Problem objektiv sehen will. Löst Spannungen auf und entwickelt Willenskraft. Gut gegen Asthma. Schenkt Einsicht in die eigenen Fehler. Schützt vor Magie und allem Bösen. Zieht Glück an.

Topas (gelb)

Hilft, Streß zu überwinden und die Nerven zu beruhigen; sorgt auf diesem Weg für tieferen und besseren Schlaf. Hilfreich auch bei Erkältungen und grippalem Infekt. Stärkt die Blutbahnen, verbessert die Durchblutung, wirkt gegen Krampfadern und erhöht den Tastsinn. Hilft bei Leberproblemen. Schärft den Intellekt, bringt übersinnliche Fähigkeiten hervor, beruhigt sowohl Geist als auch Körper.

Topas (blau)
Ein beruhigender Stein. Gut bei Halserkrankungen. Aktiviert Führungsqualitäten, übersinnliche Fähigkeiten sowie spirituelles und künstlerisches Wachstum. Verhilft zu Klarheit und Konzentration.

Türkis
Ein bläulich-grüner Edelstein; unterstützt sprachlichen Selbstausdruck und Beredsamkeit. Wirkt bei Kehlkopfentzündung und nervöser Sprache. Es heißt, daß Türkis an einer kränklichen Person blaß wird und seine Farbe zurückgewinnt, wenn die Person wieder gesund ist. Stärkt den gesamten Organismus und verbessert den Zustand bei allen Krankheiten. Schützt den Träger vor schädlichen Einflüssen, zieht Freundschaft an. Wird in der Meditation eingesetzt und auch zur Entwicklung von Intuition. Schenkt Weisheit, erinnert uns sowohl an unsere spirituelle Natur als auch an unser materielles Erbe und seine Schönheit.

Turmalin (allgemein)
Verhindert die Erkrankung des Lymphsystems. Gleicht aus, schützt, beruhigt, schenkt Selbstvertrauen und Frohsinn. Zieht Inspiration, Wohlwollen und Freundschaft an. Schützt den Träger gegen Unglück und Blutarmut. Erdet hochfrequente Energien. Ist hilfreich für die Meditation.

Turmalin (blau)
Hilft bei Erkrankungen von Hals und Schilddrüse und auch bei Sprachfehlern. Unterstützt klaren sprachlichen Ausdruck, löst mentale Blockaden und gefühlsbedingte Begrenzungen auf. Turmalin trägt eine hohe elektrische Ladung in sich, und wenn man ihn heftig reibt, dann wird das eine Ende positiv

und das andere negativ. Die dabei freigesetzte Energie kann dort hingeleitet werden, wo Entspannung benötigt wird.

Turmalin (rosa)/Wassermelonenturmalin
Bringt das Herz ins Gleichgewicht. Fördert Verständnis für das Selbst und die Gefühle.

Turmalin (schwarz und grün)
Stärkt das Nervensystem, reguliert den Blutdruck. Wendet negative Energien ab und zieht Wohlstand an.

Unakit
Gleicht aus und schenkt Stabilität. Ein erdender Stein.

Vanadinit
Hilft bei Halserkrankungen und fördert die Kommunikation.

Versteinertes Holz
Stellt körperliche Kraft wieder her. Hilft bei Hüft- und Rückenbeschwerden.

Vivianit
Das Symbol der Wiedergeburt. Löst alte Sichtweisen auf und macht Platz für eine neue Lebensperspektive. Unterstützt die klare Vision auf allen Ebenen.

Zirkon
Dient allgemein als Heilstein. Hilft bei Leberbeschwerden, bei der Geburt und bei Schlaflosigkeit. Fördert spirituelle Sicht und spirituelles Verstehen.

Zoisit
Stärkt bei Männern die Genitalien und bei Frauen den Gebär-mutterhals. Hilft, die Fruchtbarkeit zu steigern.

4.
Praktische Erfahrungen mit Kristallen und Edelsteinen

Nach der Lektüre des dritten Kapitels verfügen Sie nun über ein Grundwissen von den Energien der einzelnen Steine. Nichts vermag jedoch die eigene Erfahrung zu ersetzen, und erst wenn Sie selbst Kristalle und Edelsteine zur Heilung heranziehen, werden Sie wirklich zu verstehen und zu schätzen beginnen, welche wunderbaren Qualitäten jedem Stein innewohnen.

Die Eigenschaften, die ich für die einzelnen Steine aufgelistet habe, sollten Sie nur als Leitlinie benutzen. Ich möchte Sie dazu ermutigen, sich auf Ihre eigene Intuition zu besinnen, um neue Anwendungsmöglichkeiten für Ihre Steine zu entdecken. Es mag sogar vorkommen, daß Sie Eigenschaften kennenlernen, die mir selbst noch nicht begegnet sind.

Die Rückbesinnung auf die eigene Intuition – und die Entwicklung einer inneren spirituellen Empfindsamkeit – ist entscheidend bei der Arbeit mit Kristallen und Edelsteinen.

Eine meiner Kolleginnen, Gillian Bull von der Isle of Man, experimentiert schon seit langer Zeit mit vielen unterschiedlichen Steinen, und ich stehe in ihrer Schuld, da sie es mir gestattet, einige ihrer Erfahrungen hier wiederzugeben:

»Ich hatte das Glück, in den vergangenen Jahren mit zahlreichen Kristallen und Edelsteinen arbeiten zu dürfen. In dieser Zeit habe ich jeden einzelnen Stein gut kennengelernt. Trotzdem ist mein Wissen sicherlich nicht vollständig, denn ich habe festgestellt, daß sie nach wie vor einige verborgene Fähigkeiten besitzen, die ich mir bis zum Zeitpunkt ihrer Entdeckung nicht hatte ausmalen können.

Es fällt mir schwer oder ist mir sogar unmöglich, einen Lieblingsstein unter so vielen alten Freunden auszuwählen. Jeder von ihnen wächst an der Aufgabe, die ich ihm stelle, und gibt oft sehr viel mehr, als ich erwartet hätte. Vielleicht ist es deshalb angebracht, über jeden etwas zu sagen und darüber, was ich selbst erlebe, wenn ich mit ihnen arbeite, sei es in einem physischen oder in einem metaphysischen Zusammenhang.«

Achat

Immer ein kühlender, besänftigender Stein; wie ein Fels in der Brandung, beruhigend und voller Positivität. Ich finde, er erdet mich im Hier und Jetzt; ich muß mir keine Sorgen um zukünftige Probleme machen. Ich trage und berühre den Stein gern, wenn ich mich fiebrig fühle oder an der Schwelle zu einer Erkältung stehe. Bei feuchtkaltem Wetter ist das besonders wichtig für mich.

Achat fühlt sich kalt an, wenn man ihn berührt, aber er ist auf allen anderen Ebenen kein kalter Stein. Vor allem zieht mich der wunderschöne graugebänderte Botswana-Achat an. Er erinnert mich an die Götter, die einst auf dieser Erde gewandelt sein müssen!

Amazonit

Auch ein kühlender Stein; ihn schätze ich besonders wegen seiner Nähe zu allem Weiblichen. Er lindert die Spannungen des prämenstruellen Syndroms und bei Frauen in der Menopause die Hitzewallungen. Ohne Zweifel ist es ein Stein, der die weibliche Psyche in Phasen von Hormonschwankungen ausbalanciert.

Auf mich wirkt Amazonit eher zurückhaltend und scheint zu einem engeren Kontakt nicht einzuladen. Ich könnte Schmuck aus Amazonit nicht über längere Zeit regelmäßig tragen. Und trotzdem ist er ein Edelstein, auf den ich nicht verzichten möchte, denn er strahlt auf einer subtilen Ebene gesunden Menschenverstand und Vernunft aus.

Amethyst
Mit der Ausnahme von Bergkristall benutze ich keinen anderen Quarz so häufig. Auf der körperlichen Ebene ist er ein hervorragender Heiler und vermag es, die unbewußten Blockaden aufzulösen, die durch eine Krankheit an den Tag gebracht werden.

Ich halte ihn für einen wundervollen Heilstein, mit dem man Streß, Trauer, Ängste oder Phobien, Verwirrung und alle Arten von Kopfschmerz beseitigen kann.

Der Amethyst scheint einen Patienten über die rein körperliche Krankheit hinaus an die Quelle seines Problems zu führen. Einmal damit konfrontiert, können Schritte getan werden, um die zugrundeliegende Ursache zu beseitigen, zumindest aber, um sie durchzuarbeiten.

Ich habe die hervorragenden Auswirkungen des Amethysts bei der Behandlung von Schlafstörungen beobachtet. In einem Fall erlebte ich, wie eine zwanzig Jahre dauernde chronische Schlaflosigkeit innerhalb von drei Tagen geheilt wurde, und die Patientin erfreut sich noch immer eines tiefen und ruhigen Schlafes. Interessanterweise handelte ihr erster Traum von der Begegnung mit ihrem verstorbenen Vater. Solange er lebte, hatte sie ihn nicht gemocht und bei seinem Tod keinerlei Trauer gespürt. In ihrem Traum konnte sie ihm erklären, warum sie ihn verabscheute, und er, auf der anderen Seite, setzte ihr auseinander, warum er sie ihr Leben lang, wie sie meinte, mit solcher Gleichgültigkeit behandelt hatte. Sie schlossen Frieden miteinander, und die Patientin konnte die Sache damit auf sich beruhen lassen.

Ich glaube, dies ist ein gutes Beispiel dafür, wie der Amethyst unterschwellig auf jeder Ebene wirkt, vielleicht nicht mit der Lebhaftigkeit des Bergkristalls, aber doch mit einem tiefen spirituellen Verstehen jeden Aspekts, der uns zu dem macht, was wir sind. Er ist unparteiisch und wertet nicht. Er gestattet es uns auf diese Weise, unsere Schwächen mit der gleichen Losgelöstheit zu betrachten.

Auf der spirituellen Ebene benutze ich Amethyst oft während der Meditation, und ich habe immer einen großen Einzelkristall oder eine Druse im Raum, wenn ich Fernheilung gebe. Mit einem Amethyst auf der Stirn vor und während der Meditation fällt es mir viel leichter, mich mit dem Höheren Selbst zu verbinden. Bilder und Symbole sind lebhafter und ihre tieferliegenden Bedeutungen leichter auf einer bewußten Ebene zu begreifen.

Klienten, die eben erst anfangen, ihr höheres spirituelles Potential zu entfalten, empfehle ich anfangs lieber einen Amethyst als einen Bergkristall. Meiner Meinung nach ermutigt der Amethyst die Menschen, die das Bedürfnis spüren, ihre eigenen, ihnen innewohnenden Heilkräfte entweder durch Kristall- oder durch Geistheilung auszudrücken.

Aventurin
Dieser Stein fühlt sich warm und freundlich an. Er besitzt so etwas wie Verständnis. Wenn ich ihn bei mir trage, dann erhöht er mein Energieniveau und ermutigt mich dazu, im Leben mehr Spaß zu haben.

Auf der körperlichen Ebene ist Aventurin ein kraftvoller Heiler mit der Fähigkeit, Negatives aus dem Körper zu ziehen. Mit dieser Kraft sollte man vorsichtig umgehen, da Aventurin damit auch auf der Gefühlsebene wirkt und alte Verletzungen und Bitterkeit hervorzuholen vermag. Wenn es Hinweise auf Herzprobleme oder Schwankungen des Blutdrucks gibt, dann empfehle ich seine Anwendung in Verbindung mit Rosenquarz.

Aventurin wirkt wunderbar tonisierend auf überanstrengte oder müde Augen, und ein paar Momente der Entspannung mit je einem Stein auf den geschlossenen Augen beruhigen und erfrischen.

Azurit

Dies ist vielleicht der einzige Stein, zu dem ich bislang keinerlei Beziehung herstellen konnte. Das ist traurig und sicherlich auf meine eigenen Mängel zurückzuführen, aber ich fühle auf keiner Ebene irgendeine Ausstrahlung von diesem Stein. Er fühlt sich in meiner Hand weder warm noch kalt an, und mich erreicht nur ein winziges energetisches Flackern. Als ich mit einem Azurit in der Hand auf ihn meditieren wollte, fiel es mir schwer, mich darauf einzulassen. Ich konnte meine Gedanken nicht zur Ruhe bringen, und es war mir unmöglich, mich zu zentrieren. Nach einer Zeit bekam ich Kopfschmerzen und entschloß mich, die Meditation abzubrechen.

Trotzdem versuche ich, mit dem Azurit weiterzuarbeiten, weil ich fühle, daß ich, sobald ich sein frostiges Äußeres durchdrungen habe, in seinem Zentrum einen einzigartigen Vorrat an Heilenergie und Weisheit anzapfen kann.

Bernstein

Durch seine Wärme und geheimnisvolle Ausstrahlung zieht mich Bernstein in seiner klarsten Erscheinungsform sehr an.

Ihn in der Hand zu halten und einen Augenblick lang zu untersuchen, gestattet es mir, mit der lebendigen Essenz des Baumes, von dem er einmal ein Teil war, Kontakt aufzunehmen. Ich kann spüren, wie Stärke und Schutz von ihm ausgehen, und ich fühle, daß diese elektrische Aufladung des Bernsteins vom Leben selbst gespeist wird.

Ich habe Bernstein noch nicht umfassend auf körperlicher Ebene eingesetzt und erst vor kurzem einige Bernsteine zum ausschließlichen Zweck des Heilens angeschafft. Jedoch auch mit der wenigen Erfahrung, die ich bisher mit Bernstein sammeln konnte, besteht an seiner hoch schwingenden und durchdringenden Kraft kein Zweifel. Patienten haben mir beschrieben, daß er sich in der Anwendung so anfühlt, als würde der betroffenen Stelle eine heilsame Tiefenmassage verabreicht.

Granat

Dies ist ein Stein, mit dem ich nicht allzuviel Erfahrungen gesammelt habe, weil ich mich zu ihm nicht besonders hingezogen fühle. Von einem rein ästhetischen Standpunkt aus betrachtet, finde ich seine burgunderrote Färbung schön und erhebend. Aber Granat hat eine Art kühle Ausstrahlung – fast ein Unbeteiligtsein –, die zu gebieten scheint: »Nicht berühren!« Diese Distanziertheit des Granats erzürnt mich ein wenig, aber mein Zorn ist wahrscheinlich die Manifestation meines Stolzes, an dem ich jedoch arbeite.

Hämatit

Ein Stein, den ich nicht mehr missen möchte. Ich habe viele Male miterlebt, wie er wunderbare Heilungen eingeleitet hat. Ein Mann, der an der Raynaud-Krankheit litt, wurde durch den Hämatit vollkommen geheilt. Eine Patientin, deren Hände wegen schlechter Durchblutung zu Klauen verkrümmt waren, spürte sofort Erleichterung und konnte zum erstenmal seit Jahren ihre Finger wieder bewegen, nachdem sie nur wenige Augenblicke einen Hämatit berührt hatte. Sie war so überwältigt und glücklich, als Wärme und Tastsinn in ihre verkrüppelten Hände zurückkehrten, daß sie die Tränen kaum zurückhalten konnte. Eine Patientin von neunundachtzig Jahren, die wegen eines Krebsleidens behandelt wurde, schläft jede Nacht mit einem Hämatit und einem Bergkristall in den Händen und ist nun seit sechs Monaten frei von Brustkrebs.

Ich selbst stecke mir Hämatit in den Büstenhalter, um die schmerzhaften Spannungen in den Brüsten vor der Menstruation zu verringern, und wegen des Erfolgs, den ich damit habe, empfehle ich jeder Frau, es mir nachzutun.

Ich habe herausgefunden, daß die unmittelbar wirksame heilende und schmerzstillende Kraft des Hämatits daher rührt, daß er den Blutfluß und die weißen Blutkörperchen in der betroffenen Körperregion regeneriert, verstärkt und unterstützt. Er scheint die natürlichen Antikörper des Patienten zu stimulieren und zu vermehren, die Ausschüttung von Endorphinen in den Blutstrom zu verstärken und auf diese Weise die Selbstheilungskräfte des Körpers zu mobilisieren.

Auf einer mehr spirituellen Ebene empfinde ich Hämatit als einen ausgezeichneten Erdungsstein, den ich bei langen Meditationen verwende. Der Stein umgibt den Körper mit einem Mantel der Sicherheit und des Schutzes, während Geist und Seele woanders sind. Nach einem vollen und anstrengenden Tag hilft mir der Hämatit, einen in jeder Hand gehalten, mich zu beruhigen, zu erfrischen und neu zu beleben, und er unterstützt mich darin, meinen Geist zu klären und mich so auf einen tiefen, erholsamen Schlaf vorzubereiten.

Jaspis

Ich habe zu diesem Stein offenbar eine wechselhafte Beziehung. Er fühlt sich anfangs kühl an, reagiert aber schnell auf meine Berührung, erwärmt sich und strahlt Ruhe aus.

Ich habe eine junge Frau, die mehrere Fehlgeburten hatte, erfolgreich mit Jaspis behandelt. Sobald sie schwanger war, haben wir mit Jaspis gearbeitet, und sie trug im Verlauf ihrer gesamten Schwangerschaft immer einen Stein bei sich. Sie fühlte sich die ganzen neun Monate über gut und positiv gestimmt und wurde schließlich von einem gesunden Jungen entbunden.

Jaspis ist ein sehr weiblicher Stein und reagiert immer gut auf Frauenprobleme. Ich habe ihn auch schon bei starker, unregelmäßiger Menstruation, Geschwulsten und schmerzhaften Unterleibskrämpfen eingesetzt. Sogar mehr noch als Mondstein scheint mir Jaspis der optimale Heiler für alle Unterleibsprobleme der Frau zu sein: kühl und beruhigend oder warm und tröstend, je nachdem, welche Behandlung erforderlich ist. Ein sehr wandlungsfähiger Heilstein, zu dem sich, wie ich herausgefunden habe, viele Frauen instinktiv hingezogen fühlen.

Karneol

Was würde ich nur ohne den Karneol anfangen? Sobald der Winter einsetzt und mit ihm die Zeit des Hustens und Schnupfens, tritt auch der Karneol in Erscheinung.

Der Karneol ist wie ein warmer Umhang oder wie eine tröstende Wärmflasche, und ich benutze ihn mit großem Erfolg, um damit Atemwegserkrankungen, Halsschmerzen und Reizhusten zu behandeln. Ich habe darüber hinaus die Erfahrung gemacht, daß er nach einem grippalen Infekt neue Energie und nach einer schwächenden Krankheit wieder Lebensmut schenkt. Ich bin sogar der Ansicht, daß Karneol keimtötend ist. Es wirkt Wunder, mit diesem Stein über eine Narbe oder Wunde zu reiben, die schmerzt und nur langsam heilt.

Ich habe immer einen Karneol bei mir, wenn ich gebeten werde, vor fremden Menschen über Edelsteine und Kristalle zu sprechen, nicht nur, weil er meiner Stimme Kraft schenkt, sondern auch, weil ich in solchen Situationen chronisch schüchtern bin. Der Karneol gibt mir das Selbstvertrauen und die Autorität, die ich benötige. Er ist ein guter Freund und ein hochgeschätzter Heilstein!

Lapislazuli

Wenn ich an den Stein nur denke, so fahren meine Hände bereits an meinen Hals! Ich besitze Schmuck aus Lapislazuli, weil er mich als Teil eines vergangenen Lebens in Ägypten unwiderstehlich anzieht.

Er ist zweifellos ein edler und heiliger Stein, und ich habe entdeckt, daß er Mystiker und Suchende anspricht, vor allem solche Menschen, die auf den Spuren der Vergangenheit

Antworten für ihre jetzigen Lebensumstände suchen. Meiner Erfahrung nach fühlt sich nur selten jemand auf der Basis rein körperlicher Schwingungen zu Lapislazuli hingezogen.

Ich habe ihn nach bestimmten Verletzungen zur Stärkung der Rückenmuskulatur eingesetzt oder aber, um eine schlechte Haltung zu korrigieren. Ebenso hilfreich schien er mir zu sein bei Kopfschmerzen, die durch einen Schlag auf den Kopf hervorgerufen wurden.

Im allgemeinen halte ich Lapislazuli jedoch eher für einen Stein des Verstandes, der Vernunft und des Scharfsinns. Er ist ein Tor zu innerer Wahrheit und Weisheit und ein Mittel, um beides auszudrücken.

Malachit

Ich benutze ihn insbesondere, um Augenprobleme, Asthma und Allergien zu behandeln, mit gutem Erfolg vor allem bei Kindern.

Einer meiner Klienten hat eine besondere Erfahrung mit diesem Stein gemacht, und sie ist es wert, hier erzählt zu werden:

Eines Abends zu später Stunde bekam er Zahnschmerzen und entschloß sich, über Nacht einen Malachit unter sein Kopfkissen zu legen, um den Schmerz erträglicher zu machen. Aufgrund eines plötzlichen Impulses legte er auch seinen Bergkristall dazu, um die Kraft des Malachits zu verstärken, und schlief bald ein. In dieser Nacht erlebte er in seinen Träumen all die Schikanen in den lebhaftesten Farben und Details nach, unter denen er in seiner Schulzeit gelitten hatte. Er erwachte schweißgebadet und fühlte sich vollkommen erschöpft und elend. Weil er bei seinem Zahnarzt nicht sofort einen Termin bekommen konnte, verbrachte er eine weitere Nacht auf dieselbe Weise, bis ihm schließlich klar wurde, daß die beiden Steine zusammen die Ursache dafür waren, daß er in seinen Träumen das Trauma seiner Kindheit neu durchleben und diesmal auch verarbeiten mußte.

Neugierig gemacht, experimentierte er mehrere Nächte lang, indem er nur den Bergkristall (keine Probleme), nur den Malachit (keine Probleme) oder beide zusammen (schwere Träume) benutzte.

Da er ein pragmatischer und analytisch denkender Mensch ist, sah er dies als Gelegenheit zur Klärung an, konfrontierte sich mit seiner Vergangenheit und löste dabei die geistigen und emotionalen Blockaden, die ihn in der Gegenwart quälten. Er tat dies mutig und mit Erfolg. Er bat mich jedoch, die Warnung an jene weiterzugeben, die in ihrer Kindheit ähnliches erfahren mußten, mit der Malachit-Bergkristall-Kombination nur dann zu arbeiten, wenn sie auf geistiger und emotionaler Ebene darauf vorbereitet sind.

Mondstein

Mondstein fühlt sich für mich auf jeder Ebene gut an. Er ist ein wirklicher Handschmeichler und lädt einfach dazu ein, ihn zu berühren. Wenn er auf die Haut gelegt oder auf ihr getragen wird, dann scheint er zu einem Teil von ihr zu werden. Für mich ist er als Heilstein und als ausgleichendes Element für die Gefühle unverzichtbar. Zusammen mit Rosenquarz angewandt, wirkt er ausgezeichnet auf Herz, Lungen und gegen alle Brustprobleme.

Mit diesen beiden Steinen hatte ich bei einer Fernheilung außerordentlichen Erfolg, als eine Patientin kurz vor einer Herz-Lungen-Transplantation stand. Sie ist jetzt fast vollkommen wiederhergestellt und hat damit ihren Arzt verblüfft, der ihr ein Jahr zuvor gesagt hatte, daß sie nur noch wenige Wochen zu leben habe, wenn sie sich nicht sofort der Operation unterziehe.

Mondstein wirkt auch gut gegen chronische Bronchitis und Emphysem, stabilisiert zumindest den Zustand oder macht ihn erträglicher und verbessert daher die Lebensqualität des Leidenden in allen Bereichen.

Die wirkliche Spezialität des Mondsteins sind jedoch die sogenannten Frauenprobleme, vor allem, wenn es sich bei den zu behandelnden Patientinnen um besonders emotionale oder nervöse Persönlichkeiten handelt. Ich kann den Stein allen Frauen nur wärmstens empfehlen, die im Zusammenhang mit ihrer Periode Schwierigkeiten haben. Bei der Behandlung von besonders starkem und kräftezehrendem prämenstruellen Syndrom und bei durch die Menopause hervorgerufenen Schwierigkeiten habe ich besonders gute Erfolge erzielt, wenn ich Mondstein in Kombination mit Amazonit, Jade und Chrysokoll angewandt habe.

Ich trage grundsätzlich vor, während und einen Tag nach meiner Menstruation einen Mondstein bei mir und habe, von den üblichen Unbequemlichkeiten einmal abgesehen, keinerlei emotionale, körperliche oder geistige Reaktion auf die natürlichen Hormonschwankungen.

Rauchquarz

Dieser Kristall zieht mich sehr stark an, ganz egal in welcher Schattierung er vor mir liegt. Er fühlt sich massiv, erdend und fast erdig an, und ich empfinde ihn als außerordentlich machtvoll.

Der Rauchquarz scheint ein tieferes Geheimnis – fast okkulter Natur und mit starker Anbindung an Atlantis – in sich zu tragen als der klare, durchsichtige Bergkristall.

Ich bin häufig auf Rauchquarze gestoßen, in deren Facetten kleine Dreiecke erkennbar waren. Sie stellen für mich eine Verbindung zu den Pryamiden her, nicht nur zu denen Ägyptens, Mittel- und Südamerikas, sondern auch zu denen von Atlantis und sogar, vielleicht überraschenderweise, zu den Grabhügeln in Großbritannien, wie etwa dem Silbury Hill.

Rauchquarz erinnert an das Streben von weisen Männern, die nach oben in den Himmel gebaut und die Erde als ihr Fundament genutzt haben. Er sagt uns, daß wir zwar im Physischen verwurzelt und für das Fortbestehen des Lebens in menschlicher Form verantwortlich sind, aber zugleich auch unsere Spiritualität so hoch hinauf wie möglich, hin zu diesem göttlichen Samen, aus dem wir alle entsprungen sind, ausdehnen sollen.

Rauchquarz ist tief und geheimnisvoll, aber auch voller Sympathie und offen für den ernsthaft Suchenden. Auf der körperlichen Ebene habe ich Rauchquarz wegen seiner beruhigenden, fast einschläfernden Wirkung benutzt, um sexuelle Energien und Polarität auszugleichen, um Depressionen und streßbedingte Kopfschmerzen aufzulösen und um einen nervösen Magen zu beruhigen.

Rosenquarz
Die Mutter aller Kristalle! Warm, mitfühlend, vergebend und sanft ist Rosenquarz – alles das, was wir bei einer idealen Mutter suchen würden. Jeder wird von der Liebe angezogen, die diesem Stein entströmt, denn in jedem von uns ist ein Kind, und ich würde unter keinen Umständen auf meinen Rosenquarz verzichten wollen.

Ich habe gesehen, welche Wunder er auf der Gefühlsebene bewirken kann; aber oft muß in dem Prozeß zuerst eine ganze Reihe von Traumata durchgearbeitet werden. Ein Beispiel hierfür bietet die Geschichte einer meiner Klientinnen, die mit dem Vorschlag eines Farbtherapeuten zu mir kam, daß sie wegen der wunderschönen rosa Färbung mit reinem Rosenquarz arbeiten sollte. In der Sitzung sprach die Klientin sofort auf den Rosenquarz an, und ihre Ruhe, Sanftheit und Gefaßtheit beeindruckten mich. Am Tag darauf rief sie mich an. Sie fühlte sich so elend, daß sie ihren Arbeitsplatz hatte verlassen und sich in den Schutz ihres Bettes hatte flüchten müssen. Stück für Stück brach die ganze Geschichte aus ihr hervor. Ihre Kindheit hindurch hatte sie die Mißhandlungen ihrer Eltern erdulden müssen und danach Jahre der therapeutischen Begleitung benötigt. Sie hatte geglaubt, endlich frei von all dem Schmerz und den bösen Erinnerungen zu sein und nicht

nur ihren Eltern für das vergeben zu haben, was sie ihr angetan hatten, sondern auch sich selbst, und sie war sich sicher
gewesen, die Selbstvorwürfe, die sie gegen sich gerichtet hatte,
losgelassen zu haben. Doch die sanfte Kraft des Rosenquarzes
hatte die tiefen Verletzungen zutage befördert, die sie und ihr
Therapeut nicht erreicht hatten. Sie neu durchleben zu müssen
rief beinahe Selbstmordgedanken in ihr wach, und sie war zutiefst erschüttert. Sie sagte immer wieder, daß der Rosenquarz
so groß wie ein Haus in ihren Träumen und vor ihrem inneren
Auge auftauche. Ich beruhigte sie, so gut ich konnte, und
sagte ihr, daß die Situation keinesfalls länger als achtundvier-
zig Stunden anhalten werde und daß sie mich jederzeit rufen
könne, falls sie mich wirklich brauche.

Mehrere Tage vergingen, ohne daß ich von ihr hörte, und
da ich ihre Telefonnummer nicht hatte, begann ich, mir langsam Sorgen zu machen. Schließlich stand sie wieder in meiner
Tür: Sie sah frisch aus, strahlend und zehn Jahre jünger.
Endlich war sie dank des Rosenquarzes wirklich frei von
ihren schlechten Kindheitserfahrungen. Sie hat seither auch
Steine an ihre Freunde und an ihren Therapeuten zusammen
mit ihrem Erfahrungsbericht geschickt, und ich habe gehört,
daß vielen anderen durch diesen mitfühlenden Farbtherapeuten geholfen wurde, der jetzt auch selbst mit Kristallen
arbeitet.

Rutilquarz

Dieser Kristall summt geradezu! Seine Energie ist noch lebhafter und – im positivsten Sinne – ein wenig aggressiver als jene
des klaren Quarzes.

Ich setze ihn bei Heilungen nicht besonders oft ein, da er
für feinfühlige Klienten zuviel sein kann. Doch bin ich der
Meinung, daß er wie der Aventurin die Fähigkeit hat, Negatives aus dem Körper herauszuziehen, gleichgültig, ob es nur
auf einer rein körperlichen Ebene geschieht oder aber um
Menschen dazu zu ermutigen, sich für ihre Gefühle zu öffnen

und sich selbst klar und weise auszudrücken. Wenn er während der Meditation auf das Dritte Auge gelegt wird, vermag er spirituelle Visionen zu verstärken und ihre intuitive Interpretation zu unterstützen.

Ich trage ihn in Situationen bei mir, in denen ich der Rückbesinnung auf mich selbst und des Selbstvertrauens bedarf, und der Stein hilft mir dabei, an die innere Ruhe und an das innere Wissen heranzukommen, zu denen ich in Streßsituationen normalerweise keinen Zugang habe. Er ist ausgezeichnet dazu geeignet, mich auf ein höheres Energieniveau zu heben. Er macht dem Durcheinander in meinem Kopf ein Ende und ermöglicht es mir so, mich auf die vor mir liegende Aufgabe auszurichten und zu konzentrieren.

Schneeflockenobsidian

Ein weiterer erdender und auf die innere Mitte ausrichtender Stein mit einer sehr geheimnisvollen Ausstrahlung. Wenn ich ihn in Händen halte, dann steigen in mir Visionen von der Nacht, von einem weiten, sternenübersäten Himmel und von alten Tempeln und Sternwarten im Dschungel auf. Ich spüre, wie sich die schlafende, machtvolle Kundalini ihn ihm regt.

Ich habe Obsidian sowohl in seiner erdenden Funktion als auch als Tor zur Meditation eingesetzt und in beiden Fällen beeindruckende und nachdenklich stimmende Resultate erzielt.

Schneeflockenobsidian scheint mich auf allen Ebenen auszurichten; er ist ein Anker, der dem Boot auf dem Wasser freizügigen Spielraum läßt und trotzdem für vollkommene Sicherheit sorgt. Er schließt jede Negativität aus und beruhigt den Geist in Streßsituationen auf schnelle Weise.

Für mich ist der Obsidian ein Stein der bewußten Absicht und des Ausdrucks. Bereitet es mir Schwierigkeiten, meine innersten Gedanken und Gefühle auszudrücken, und halte ich dabei einen Schneeflockenobsidian auf meinen Gesprächspartner gerichtet, so kann dieser nicht nur das Wesentliche meiner

Worte sehr viel besser aufnehmen, sondern auch das, was zwischen ihnen verborgen liegt.

Auf der körperlichen Ebene setze ich Schneeflockenobsidian wie Sodalith bei Schock, Trauma und Hysterie ein. Er ist auch nützlich, um einen nervösen Magen zu beruhigen und um Magenkrämpfe sowie Verdauungsprobleme zu bekämpfen.

Sodalith
Ich finde, Sodalith ist nicht zum Herumspielen geeignet, sondern ein ganz praktischer Stein. Er besitzt vor allem stark beruhigende Eigenschaften und ist in Erste-Hilfe-Situationen gut geeignet, um Panikanfälle zu lindern und Phobien zu überwinden. Er sorgt für die Wiedererlangung von Selbstvertrauen und bietet starken Schutz.

Ich selbst verdanke es dem Sodalith in Kombination mit Bergkristall und Aquamarin, daß ich meine lähmende Angst vor dem Fliegen überwunden habe.

Er ist kühl und nimmt einem explosiven Temperament die Spitze; er beruhigt den Zorn und löst Angst auf.

Ich habe gehört, daß Sodalith auch statt Lapislazuli als Heilstein benutzt werden kann, ich selbst teile diese Auffassung jedoch nicht. Die beiden Steine fühlen sich auf allen Anwendungsebenen – körperlich, geistig oder spirituell – sehr unterschiedlich an, ihre Attribute sind zu unähnlich, als daß sie austauschbar sein könnten.

Sodalith schwingt viel langsamer und tiefer als Lapislazuli. Wenn er bei der Meditation eingesetzt wird, dann vermag er den Meditierenden nur die halbe Wegstrecke lang zu begleiten, und er sorgt nicht für die tiefe Einsicht in die Bedeutung der Reise, so wie Lapislazuli es tut. Das kann natürlich wieder nur ein Zeichen für meine mangelnde persönliche Erfahrung sein, habe ich doch herausgefunden, daß der Versuch, auf den Sodalith zu meditieren, bei mir tiefen und ruhigen Schlaf bewirkt.

Tigerauge

Nach meiner Erfahrung lieben die meisten Menschen dieses Mineral, oder sie verabscheuen es. Ich kann von mir nicht behaupten, daß ich zum einen oder zum anderen Extrem neige, aber ich weiß, daß mir Tigerauge im Zusammenhang mit Heilen oder Spiritualität nicht als erstes in den Sinn kommt.

Ich habe mich nicht sehr ausführlich mit Tigerauge befaßt und kann daher auch nicht wirklich etwas dazu sagen. Für mich fühlt sich der Stein indifferent an, und es war mir bisher unmöglich, auf der intuitiven Ebene eine starke Verbindung zu ihm aufzubauen.

Türkis

Obwohl ich am Türkis nicht besonders hänge, habe ich aufgrund der Arbeit, die wir bisher zusammen getan haben, doch großen Respekt vor ihm. Er hilft ausgezeichnet gegen Kopfschmerzen und ist vielleicht der beste Heilstein in diesem Zusammenhang, ganz egal, ob der Schmerz organisch, streßbedingt oder die Folge einer Verletzung ist.

Wie Malachit und Aventurin ist Türkis gut für die Augen, und eine Lotion aus destilliertem Wasser, in das der Türkis oder eine Kombination aller drei Steine gelegt worden ist, hat sich als ein erfrischendes und beruhigendes Augenbad erwiesen.

Türkis fühlt sich für mich eher zusammenziehend an. Auf alle Fälle ist er tonisierend und belebend. Ein paar Türkise in einem Musselinbeutel unter das kalte Wasser beim Einlassen des Bades gehängt, verleiht dem Bad Würze und Frische.

Ich habe festgestellt, daß Türkis sich leicht mit anderen Edelsteinen kombinieren läßt und sich immer kühl anfühlt. Stets ist er bereit, zu helfen. Vielleicht ist er der enthusiastischste Heilstein.

Turmalin

Er ist einzigartig darin, Probleme aufzuspüren und zu beseitigen; er hat ein hohes Resonanzniveau, einen starken Puls,
eine ausgeprägte Schwingung, die sofort das Bewußtsein und
die Energie auf allen Ebenen erhöht.

Für mich ist Turmalin nützlich, um Stauungen und Blockaden im ätherischen Körper aufzulösen, um die Chakras zu
stärken und aufzuladen und allen Ebenen die gleiche Ausrichtung zu geben.

Bei meiner Arbeit mit dem Turmalin habe ich herausgefunden, daß es keine festen Regeln dafür gibt, wo und wie er auf
den Körper aufgelegt werden soll. Es scheint so, daß er sich
selbständig ausrichtet, von allein dorthin ausstrahlt, wo seine
Kraft gebraucht wird. Die Körperstelle, wo er auf diese Weise
zur Wirkung kommt, mag auf den ersten Blick gar nichts mit
dem eigentlichen Problem zu tun zu haben.

Wenn ich kein Pendel zur Hand hätte, dann würde ich die
Aura und die Chakras eines Patienten mit dem Turmalin überprüfen. Man spürt es an der veränderten Schwingung, wenn
der Turmalin einen kritischen Punkt aufgespürt hat und dar-
übergehalten wird. Er arbeitet sehr harmonisch mit dem Bergkristall zusammen.

5.
Geburtssteine

Es gibt zwölf Stern- oder Tierkreiszeichen: Widder, Stier, Zwillinge, Krebs, Löwe, Jungfrau, Waage, Skorpion, Schütze, Steinbock, Wassermann und Fische.

Ich werde bei meinen Vorträgen und Workshops immer wieder darum gebeten, einen passenden Stein für das Sternzeichen, unter dem die betreffende Person geboren ist, zu benennen. Nach meiner Erfahrung gibt es nur einen sicheren Weg, um den richtigen Geburtsstein für eine Person zu bestimmen: Der Betreffende muß einen qualifizierten Astrologen aufsuchen und sich, basierend auf seinem Geburtsort, seinem Geburtstag und seiner genauen Geburtszeit, ein ausführliches Horoskop stellen lassen. Alle anderen Methoden sind zu unsicher und zu verallgemeinernd.

Vor einigen Jahren habe ich mich, um meine Theorie zu überprüfen, mit allen Büchern über den Zusammenhang von Astrologie und Edelsteinen befaßt, derer ich habhaft werden konnte. Auf der Basis dieser Informationen erstellte ich eine Liste, die für jedes Sternzeichen sämtliche empfohlenen Geburtssteine enthielt. Auf diese Weise wären jedem Sternzeichen mindestens neun verschiedene Steine zuzuordnen. Nachdem ich die Liste jedoch mit Intuition, ein wenig Logik und gesundem Menschenverstand noch einmal überarbeitet hatte, erhielt ich die folgende Tabelle, die mir als Grundlage dient, wenn man mich bittet, einen Stein für jemanden nach dem Sternzeichen zu bestimmen:

Widder	Jaspis, Rubin
Stier	Rosenquarz, Lapislazuli, Karneol, Saphir
Zwillinge	Citrin, Quarz, Tigerauge, Achat, Rutilquarz
Krebs	Olivin (Chrysolith, Peridot), Smaragd, Mondstein
Löwe	Bergkristall, Diamant, Achat
Jungfrau	Karneol, Achat, Jaspis, Saphir
Waage	Smaragd, Aventurin, Jade, Saphir
Skorpion	Granat, Heliotrop, Rubin, Jaspis, Beryll
Schütze	Topas, Hyazinth, Schneeflockenobsidian
Steinbock	Rauchquarz, Rubin, Onyx, Gagat
Wassermann	Türkis, Malachit, Aquamarin, Mondstein
Fische	Amethyst, Opal, Mondstein

Zwar ist es eine gute Sache, einem Freund oder geliebten Menschen einen Anhänger oder eine Kette speziell mit seinem Geburtstein zu schenken. Sie sollten jedoch bei der Auswahl daran denken, daß ganz allgemein der Stein am besten »funktioniert«, der der Schwingung des Beschenkten am nächsten kommt.

6.
Die Chakras

Das Wort »Chakra« stammt aus dem Sanskrit und bedeutet Rad. Wenn wir dazu fähig wären, die Chakras zu sehen (so wie es viele medial begabte Menschen können), dann würden wir die Chakras als Räder aus Energie wahrnehmen, die sich ohne Unterbrechung – je nach Lage in unterschiedlichen Geschwindigkeiten – drehen.

Einer der Gründe, warum Menschen krank werden, ist der, daß ihre Chakras aus dem gemeinsamen Gleichlauf und auch einzeln aus dem Gleichgewicht geraten, daß Blockaden entstehen, die das freie Fließen der körpereigenen Energie unterbinden.

Es gibt sieben Haupt-Chakras. Der Einfachheit halber werde ich mich auf sie konzentrieren:

erstes Chakra   – an der Basis der Wirbelsäule
zweites Chakra – Milz oder Sexualzentrum
drittes Chakra   – Solarplexus
viertes Chakra   – Herz
fünftes Chakra   – Hals
sechstes Chakra – Stirn oder Drittes Auge
siebtes Chakra   – Scheitel

Diese Chakras spielen eine aktive Rolle auch bei all unseren Heilungen mit Kristallen.

Jedes Ungleichgewicht innerhalb eines Chakras kann schwerwiegende Auswirkungen auf Ihren Körper haben. Es ist

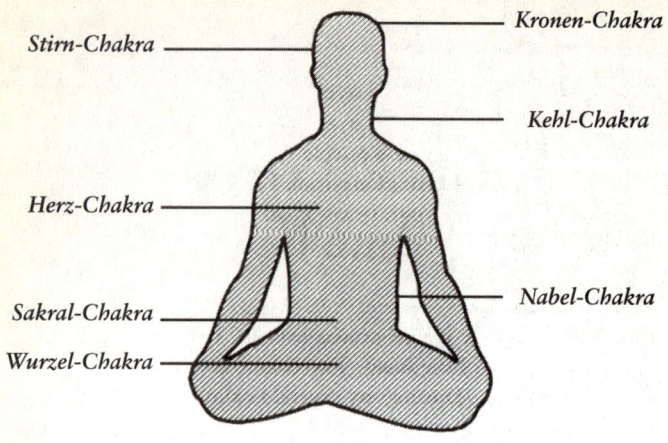

Stirn-Chakra

Kronen-Chakra

Kehl-Chakra

Herz-Chakra

Nabel-Chakra

Sakral-Chakra

Wurzel-Chakra

Die Lage der Chakras im Körper

jedoch möglich, die Energiezentren mit Hilfe von Kristallen auszugleichen und den Körper so zu seinem normalen Zustand zurückzuführen.

Erstes Chakra

Das erste Chakra liegt am unteren Ende der Wirbelsäule im Steißbereich. Dort ruht die Kundalini. Traditionell wird dieses Chakra mit der Farbe Rot assoziiert. Es ist ein sehr wichtiges Zentrum, da es den ganzen Körper entscheidend beeinflußt. Wenn ich dieses Energiezentrum mit meinen Kristallen behandle, dann gelingt es mir, rein körperlichen Streß und die Anspannung im Nervensystem aufzulösen.

Zweites Chakra

Das zweite Chakra liegt im Bereich zwischen Milz und Sexualorgan. Es wird mit der Farbe Orange in Verbindung gebracht. Normalerweise benötigen Menschen, die unter sexuellen Blockaden leiden, an diesem Chakra Heilung.

Drittes Chakra

Das dritte Chakra ist mit dem Solarplexus identisch und liegt oberhalb des Nabels. Es wird mit der Farbe Gelb verbunden. In diesem Chakra wird meist eine große Menge körperlicher Kraft gespeichert, oder sie strahlt von dort aus. Dieses Energiezentrum ist auch eine Art Speicher, aus dem heraus mit der Fähigkeit der Materialisation begabte Medien Ektoplasma hervorbringen.

Viertes Chakra

Das vierte Chakra ist das Herzzentrum. Es wird im Bereich der Brustmitte zwischen den beiden Brustknospen angenommen. Mit ihm werden die Farben Grün und Rosa assoziiert. Ich arbeite mit dem Herz-Chakra bei Menschen, die unter emotionalen Traumata und unter Beziehungsproblemen leiden. Meistens gelingt es mir, vor allem mit einem Rosenquarz, ihre innere emotionale Anspannung zu lösen.

Fünftes Chakra

Das fünfte Chakra befindet sich im Hals in dem Bereich, der etwa den Adamsapfel umgibt. Mit dem fünften Chakra wird die Farbe Blau oder Türkis in Verbindung gebracht. Wenn Menschen unter Kopfschmerzen (Migräne) und unter Verspannungen der Nacken-/Schulterpartie leiden, dann ist die Ursache hierfür häufig ein blockiertes Hals-Chakra.

Sechstes Chakra

Das sechste Chakra liegt zwischen den Augen mitten in der Stirn und wird oft auch als Drittes Auge bezeichnet. Die Farbe, die ihm entspricht, ist Purpurrot. Es ist der Sitz der spirituellen Intuition, und ich kann den Menschen, die zu mir kommen, weil sie sie entwickeln möchten, meist mit Amethyst, Sodalith, Lapislazuli oder Sugilith helfen.

Siebtes Chakra

Das siebte Chakra ist das Kronenzentrum. Es befindet sich auf dem Scheitel des Kopfes. Seine Farbe ist Weiß. Während jeder Heilsitzung mit Kristallen muß dieses Chakra geöffnet sein. Durch dieses Energiezentrum erlangen Sie höchste Erkenntnis und höchstes Wissen.

Um die Chakras auszugleichen, wende ich die folgende Technik an. Während sich der Patient auf meiner Massageliege ausstreckt, plaziere ich zwei Quarzkristalle, mit den Spitzen zu den Füßen weisend, auf dem Dritten Auge, je einen Quarzkristall, mit der Spitze zum Kopf gerichtet, in den beiden Handflächen, zwei Quarzkristalle, mit den Spitzen wiederum zum Kopf gerichtet, im Brustbereich und je einen weiteren Quarzkristall, mit der Spitze zum Kopf weisend, auf den beiden Oberschenkeln.

Wenn der Klient in dieser Position etwa fünfzehn Minuten ruhig liegen bleibt, dann werden sich seine Chakras schnell wieder ausrichten.

7.
Kristallstäbe

Kristallstäbe gehören zu den effektivsten »Lichtwerkzeugen«, die ich kenne. Der Stab selbst besteht aus einem etwa dreißig Zentimeter langen Kupferrohr. Das Rohr sollte einen Durchmesser von etwa zwei Zentimetern haben.

Ein klarer Bergkristall, der mindestens acht Zentimeter lang ist, der einen Durchmesser von etwa zwei Zentimetern hat und dessen Facetten möglichst unbeschädigt sein sollten, wird an einem Ende des Kupferrohres befestigt. Das andere Ende des Rohres wird entweder mit einem Kupferdeckel oder mit einem weiteren Bergkristall geschlossen. Das Kupferrohr muß zum Zweck der Isolierung auf ganzer Länge mit einem Lederstreifen umwickelt werden.

Die beste Methode, um die Wirksamkeit eines Kristallstabs und seine ungeheure, energetisierende Kraft zu erfahren, ist es, mit den eigenen Händen einen Kristallstab herzustellen. Wenn Sie Ihren persönlichen, nur für sich selbst gefertigten Kristallstab regelmäßig benutzen, dann werden Sie feststellen, daß es Ihnen immer leichter fällt, Ihre eigene Schwingung mit der des Stabes zu verschmelzen.

Sie nehmen also Ihr Stück Kupferrohr und schneiden es mit einer Säge am oberen Ende der Länge nach kreuzweise etwa sieben bis acht Zentimeter tief ein. Dann biegen Sie mit einer Zange die vier Kanten leicht auseinander, so weit, daß Ihr Stein Platz hat.

Versehen Sie die Seiten Ihres Bergkristalls mit Klebstoff, und schieben Sie ihn dann vorsichtig in das aufgebogene

Rohr. Drücken Sie nun die vier Rohrkanten eng an den Stein an, und achten Sie darauf, daß er mindestens zwei bis drei Zentimeter über das Rohr hinausragt. Am anderen Ende des Rohres wiederholen Sie entweder den eben beschriebenen Vorgang, oder aber Sie kleben einen Kupferdeckel über das offene Rohrende.

Schließlich nehmen Sie Ihren bereits zugeschnittenen Lederstreifen, der etwa einen Meter lang sein sollte, geben in gewissen Abständen immer wieder ein wenig Klebstoff auf seine Innenseite und wickeln ihn spiralförmig und eng um das Rohr. Damit ist Ihr Kristallstab fertig.

Wenn Sie Ihren Kristallstab aus der Hand legen, dann befindet er sich in Ruheposition, sobald Sie ihn aber aufnehmen, wird er aktiviert. Es ist ausgesprochen leicht, mit einem Kristallstab umzugehen. Sie müssen ihn nur in die Hand nehmen, die Kristallenergie ausrichten, indem Sie sich ein blauweißes Licht vorstellen, das aus der Spitze des Bergkristalls ausströmt, und Sie haben Ihren eigenen, sehr starken Energie- und Kraftstrahl. Versichern Sie sich jedoch immer, daß Sie Ihr neues Werkzeug weise einsetzen.

Bei dem ersten Workshop, den ich über das Heilen mit Kristallen abhielt, hielt ich meinen Kristallstab, den ich gerade erst hergestellt hatte, in der Hand und mußte ihn wohl zufällig auf das Dritte Auge einer der anwesenden Zuhörer gerichtet haben. Mit einem Aufschrei fiel er beinahe vom Stuhl. Offenbar war er unvorbereitet von einem mächtigen Energiestrahl, der durch die Spitze meines Stabes frei wurde, getroffen werden.

Geben Sie also sehr acht, worauf und auf wen Sie Ihren Kristallstab richten, wenn Sie ihn in der Hand halten.

Für die alltäglichen Heilsitzungen benutze ich meinen Kristallstab ähnlich wie einen normalen Bergkristall. Indem ich den Stab in meiner rechten Hand halte, bewege ich ihn eine Zeitlang im Uhrzeigersinn entlang der Körpergrenze meines Klienten. Dann konzentriere ich die Energie des Stabes in der

Spitze seines Kristalls und richte sie direkt auf den Körper, den ich behandle. Im allgemeinen sind fünfzehn Minuten pro Sitzung ausreichend.

Im Anschluß an dieses gezielte Einsetzen der Heilenergie führe ich den Kristallstab wieder für eine Weile im Uhrzeigersinn an den Körpergrenzen meines Klienten entlang. Durch diese Technik wird mein Klient von einem Feld aus Kristallenergie umgeben, die jede Faser seines Körpers auf innerer und äußerer Ebene durchdringt und in den meisten Fällen für eine tiefe, langanhaltende Heilung sorgt.

Der Kristallstab

Sobald ich meinen Kristallstab in die Hand nehme, beginnt er zu pulsieren und zu vibrieren. In meiner Handfläche setzt ein leichtes Kribbeln ein, und innerhalb kürzester Zeit fühle ich mich selbst von Kristallenergie durchdrungen. Ich lasse meine Heilenergie in den Stab einfließen, der sie verstärkt. Wenn dann die Heilstrahlen den Kristall am Ende des Stabes verlassen, spüre ich, daß ich eine wunderbare Kraft- und Energiequelle geschaffen habe.

Ich werde bei meinen Vorträgen und Workshops oft gefragt, warum man den Stab mit Leder isolieren soll. Wie ich aus eigener schmerzvoller Erfahrung weiß, ist dies zum Schutz des Anwenders unbedingt erforderlich. Wenn man eine Zeitlang mit dem Kristallstab gearbeitet hat, sammeln sich im Innern des Rohrs subatomare Teilchen, und wenn man dann mit dem Kupfer direkt in Berührung käme, würde man eine Art elektrischen Schlag bekommen. Ich habe das mehrmals erlebt.

Die Resultate, die Sie mit Ihrem Kristallstab erzielen, hängen davon ab, inwieweit Sie sich selbst auf einer ausreichend hohen Ebene mit der Energie, die Ihnen der Stab zur Verfügung stellt, in Einklang bringen können. Wie bei allen anderen Dingen im Leben so heißt es auch hier: Je mehr Sie üben, desto mehr werden Sie erreichen. Je mehr Ihre Energie an Stärke zunimmt, desto kraftvoller wird auch der Stab. Kristallstäbe lassen niemals in ihrem Energieniveau nach, benötigen niemals eine äußere Kraftquelle und können vierundzwanzig Stunden am Tag und sieben Tage die Woche im Einsatz sein. Ihre Möglichkeiten sind unbegrenzt. Experimentieren Sie mit Ihrem Kristallstab. Dehnen Sie Ihre Vorstellungskraft und Erfindungsgabe über Ihre normalen Grenzen aus. Gestatten Sie sich, eins zu werden mit Ihrem Kristallstab. Bauen Sie eine enge Verbindung zu Ihrem Kristallstab auf, fühlen Sie sich in ihn ein.

Kristallstäbe können auch für andere Zwecke als den der Heilung herangezogen werden. Beispielsweise hatte ich eines Abends einen Vortrag in einer Stadt zu halten, die etwa achtzig Kilometer von meinem Wohnort entfernt liegt. Ich war spät dran. Ich war aufgehalten worden, und ich wußte, daß mir die Zeit davonlief. Nach dem Verlassen der Schnellstraße fand ich mich in einer Autoschlange wieder, die wegen der vielen roten Ampeln kaum vorwärts kam. Mein Kristallstab lag zufällig neben mir auf dem Beifahrersitz. Ohne wirklich darüber nachzudenken, was ich tat, nahm ich ihn in die Hand und lenkte seine Kraft auf die nächste rote Ampel, die vor mir lag. Sie zeigte sofort Grün, und mit ihr auch die nächste und übernächste! Ich fuhr fort, den Stab auf rote Ampeln zu richten, und tatsächlich schaltete jede von ihnen sofort auf Grün. So gelang es mir, auf die Minute pünktlich an meinem Ziel einzutreffen. Merkwürdig, aber wahr!

Warum also stellen Sie nicht für sich selbst einen Kristallstab her und finden heraus, was er alles für Sie tun kann?

8.
Massage mit Kristallen

Massage mit Kristallen kann eine wunderschöne und erhebende Erfahrung sein. Sie wirkt auf eine zutiefst spirituelle Weise. Sie entspannt nicht nur den Körper von Kopf bis Fuß, sondern bringt auch bewußt kaum wahrgenommenen emotionalen Streß an die Oberfläche und löst ihn auf.

Viele Jahre habe ich zuerst als Masseur und dann als Lehrer anderer Masseure praktiziert. Ich habe mir in dieser Zeit viele unterschiedliche Techniken angeeignet, Techniken, die von der schwedischen Massage bis zur Intuitivmassage reichen. Als ich meine Heilarbeit mit Kristallen begann, da erschien es mir nur natürlich, daß ich Kristalle auch zur Erweiterung meiner Massagetechnik einsetzte.

Es gibt viele sich voneinander unterscheidende Methoden, wie Kristalle dazu beitragen können, die Massageerfahrung zu bereichern. Da ich auch mit Aromatherapie arbeite, dieser alten Kunst, ätherische Öle so zu mischen, daß sie die unterschiedlichsten Eigenschaften entfalten, benutze ich oft Kristalle, um die Kraft der Öle noch zu verstärken.

Nachdem ich vor einer Behandlung die speziell für den Patienten geeigneten Essenzen gemischt habe, nehme ich meinen stärksten Bergkristall und bewege ihn im Uhrzeigersinn um die Flasche herum, in die ich die Mischung abgefüllt habe. Dies intensiviert das Kraftfeld, das die Flasche umgibt. Dann nehme ich den Deckel von dem Gefäß und richte die Kristallenergie direkt auf das Öl. Damit sind meine Vorbereitungen für die Massage abgeschlossen.

Meine Erfahrung zeigt mir eindeutig, daß die durch die Arbeit mit Kristallen unterstützte Aromatherapie sehr viel wirkungsvoller ist und die Massageempfänger sehr viel schneller reagieren.

Doch auch die Wirksamkeit einer Behandlung mit nur einem einendigen Kristall mit ausgeprägter Spitze – deren Facetten vielleicht sogar poliert sind – direkt am Körper des Klienten sollte nicht unterschätzt werden.

Wenn man einen einendigen Kristall zur Massage einsetzt, lassen sich zwei Arten der Behandlung unterscheiden:

1. Eine Behandlung, in der die Kenntnis von Massagetechniken und -griffen Voraussetzung ist.

2. Eine Behandlung, bei der keinerlei Kenntnisse über Massage notwendig sind.

Bei der ersten Behandlungsform bereite ich den Patienten genau so vor, wie ich das auch bei einer einfachen Massage tue. Ich arbeite an meiner Massageliege, auf der der Patient auf dem Bauch liegt, damit ich mich zunächst der Rückenpartie zuwenden kann. Ich trage bei der Massage zunächst Öl auf und verfahre dann wie üblich.

Sobald die Grundbehandlung abgeschlossen ist, nehme ich meinen Kristall auf und massiere sanft den ganzen Körper des Patienten, indem ich mit der Kristallspitze vorsichtig über die Haut fahre. Ich beginne bei den Füßen, folge dem Körper bis hinauf zum Kopf und wieder hinunter bis zum Ausgangspunkt.

Das Geheimnis bei der Massage mit Kristallen besteht darin, so viel Kontrolle über den Kristall auszuüben, daß er gleichmäßig über die Haut des Patienten gleitet. Bevor Sie Ihren Kristall jedoch zu diesem Zweck einsetzen, sollten Sie ihn erst mit dem Gedanken programmieren, daß seine Schwingungen mit denen des Patienten verschmelzen.

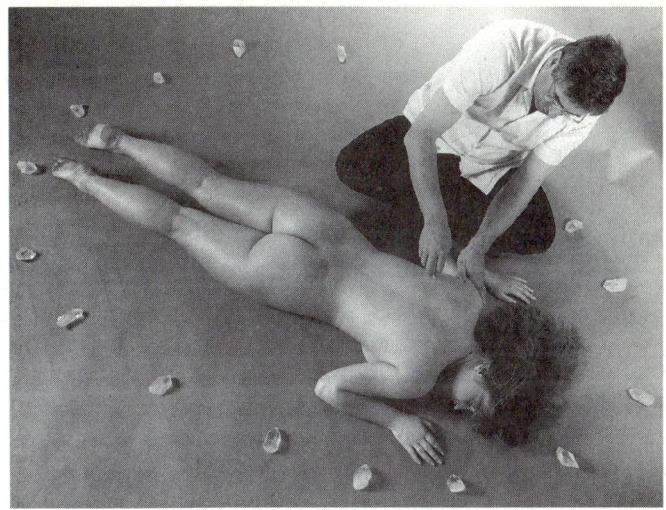

Massage mit Kristallen

Ich selbst stelle mich immer geistig auf den Kristall ein, indem ich darum bitte, daß die Kristallenergie von der Haut des Patienten aufgenommen und sein Körper vitalisiert und harmonisiert werden möge.

Bei der zweiten Behandlungsform ist es nicht erforderlich, etwas über Massage zu wissen. Sie verzichten auf Öle und Massagegriffe und beginnen geradewegs mit der Kristallarbeit. Dies kann sehr beglückend für den Empfänger sein. Denn wenn Sie mit dieser Methode mehr und mehr Erfahrungen sammeln, dann werden Sie feststellen, daß Sie nicht nur dem Körper wohltun, sondern zugleich auch dem Geist und der Seele, und sobald Sie die Grundlagen der Massage mit Kristallen beherrschen, werden Sie fortgeschrittenere Techniken anwenden können.

Für diese fortgeschritteneren Techniken benutze ich die Massageliege nicht und behandle den Patienten direkt auf

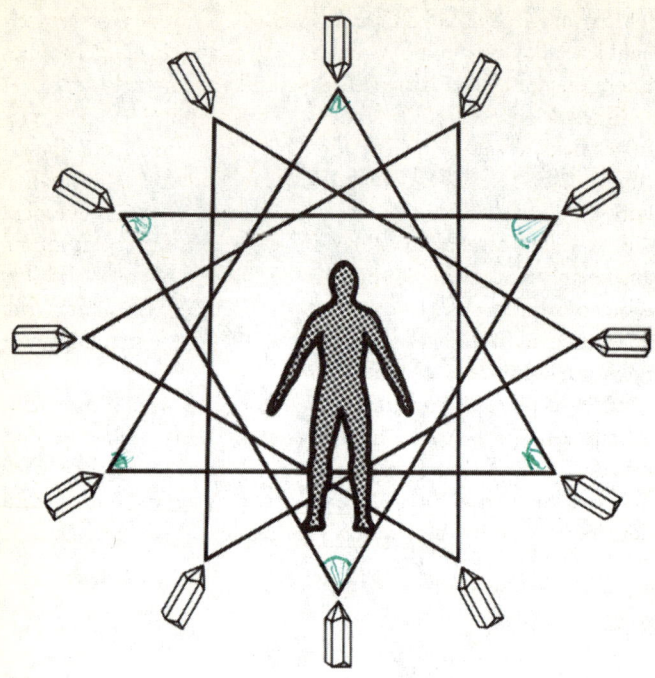

Legemuster für die Massage mit Kristallen

dem Fußboden. Auf diese Weise steht mir nicht nur mehr Platz zum Arbeiten zur Verfügung, ich habe auch mehr Möglichkeiten, neue Kristall-Legemuster zu erproben.

Der Patient ruht in der Mitte der zur Verfügung stehenden Fläche auf dem Bauch. Ich lege etwa zwölf bis dreißig Kristalle, mit der Spitze auf den Patienten weisend, um ihn herum. Ich bemühe mich, die Kristalle in gleicher Entfernung voneinander und von dem Körper, den ich behandle, zu plazieren, damit ich selbst noch genug Platz habe, um die Patienten zu massieren, um mich also selbst im Inneren des Kreises aufhalten zu können. Das auf diese Weise hergestellte Energie-

feld ist außergewöhnlich stark, denn die Energien der einzelnen Kristalle verbinden sich und erzeugen ein gemeinsames
Energiefeld, das den Patienten ganz und gar durchdringt.

Einen Menschen zu behandeln, der inmitten dieses Energiefeldes liegt, ist auch für den Masseur eine beglückende Erfahrung, da beide, Gebender und Empfangender, gleichermaßen
von diesen beruhigenden Schwingungen umfangen werden,
die von den Kristallen während der gesamten Behandlung
ausgehen. Eine tiefe therapeutische Massage mit Kristallen
wird oft zur Freisetzung alter emotionaler Traumata und
Spannungen führen, deren Existenz dem Patienten mitunter
noch vollkommen unbewußt war.

Viele Massagetherapeuten haben noch nie Kristalle zur Unterstützung ihrer Arbeit herangezogen. Doch ich hoffe, daß
mit der Zeit das Interesse für diese Methode erwachen wird
und daß mehr und mehr Menschen die aufregende und wunderschöne Welt der Kristallmassage entdecken werden.

9.
Kristall-Legemuster

Meinem Freund und Kollegen Frank Alper von der Arizona Metaphysical Society verdanke ich es, daß er mich in eine Reihe von Kristall-Legemustern eingeführt hat, die eine sehr wirkungsvolle Form des Heilens mit Kristallen darstellen. Seit ich Frank das erste Mal vor einigen Jahren begegnet bin, habe ich viele von ihnen in meinen Heilsitzungen und zur Demonstration bei Workshops und Vorträgen eingesetzt.

Randall und Vicki Baer beziehen sich in ihrem Buch *The Crystal Connection* vor allem auf anspruchsvolle Legemuster und Gitternetze. In den meisten Fällen sind sie sehr kompliziert und jenseits des Fassungsvermögens des unerfahrenen Anfängers. Deshalb möchte ich mich darauf beschränken, Ihnen einfachere Legemuster nahezubringen.

Das 12-Steine-Legemuster

Bei einem der Legemuster, die ich häufig verwende, werden zwölf Bergkristalle verwendet. Davon sollten zwei recht groß sein und je ein bis zwei Pfund wiegen; die übrigen zehn sollten kleiner sein, aber mindestens eine Länge von sieben bis acht Zentimetern und einen Durchmesser von etwa drei bis vier Zentimetern haben.

Obwohl es möglich ist, die Kristalle auch auf der Massageliege anzuordnen, ziehe ich es doch vor, die Sitzung auf dem Boden zu geben, wo mehr Platz ist.

Weisen Sie den Empfänger der Behandlung an, sich auf den Rücken zu legen, und achten Sie darauf, daß er entspannt und bequem ruht. Plazieren Sie einen der beiden großen Kristalle oberhalb des Kopfes so, daß er mit der Spitze zum Kopf weist. Den anderen großen Kristall legen Sie auf dieselbe Weise, mit der Spitze zu den Füßen, am Fußende ab.

Die übrigen zehn Kristalle verteilen Sie, fünf auf jeder Seite, um den Körper herum, so daß ihre Spitzen auf den Körper gerichtet sind. Es sollte jeweils ein Paar auf der Höhe der Fußknöchel, der Knie, der Hände, der Ellbogen und der Schultern angeordnet sein.

Ein energetisch starker dreizehnter Kristall (ich nehme zu diesem Zweck im allgemeinen meinen Selenitstab) wird dann im Uhrzeigersinn über die anderen zwölf Kristalle geführt, um ein einheitliches Energiefeld um den Patienten zu schaffen. Der Patient sollte in dieser Position – umhüllt von einem Meer aus Heilenergie – zwischen fünfzehn und zwanzig Minuten verharren.

Das 12-Steine-Legemuster verfolgt hauptsächlich das Ziel, den Körper auszurichten und zu harmonisieren. Während der Patient die wohltuende Heilenergie zu spüren bekommt, führe ich normalerweise ein Aura-Scanning durch. Ich halte meine Hände etwa fünfzehn Zentimeter über seinen Kopf und »taste« so langsam die Aura den ganzen Körper hinunter ab, indem ich meine Hände als Sensoren benutze. Wann immer ich auf eine Störung in Form eines Ungleichgewichts oder einer Energieblockade stoße, werden meine Hände sehr heiß.

Nachdem ich mir gemerkt habe, wo genau die Blockaden sitzen, lasse ich meinen Kristallstab gegen den Uhrzeigersinn über den betroffenen Stellen kreisen. Damit werden die Blockaden beinahe augenblicklich aufgelöst, und die Negativität, die in ihnen gespeichert gewesen sein mag, wird neutralisiert.

Wann immer ich das 12-Steine-Legemuster angewandt habe, bestand kein Zweifel darüber, daß in meinem Klienten

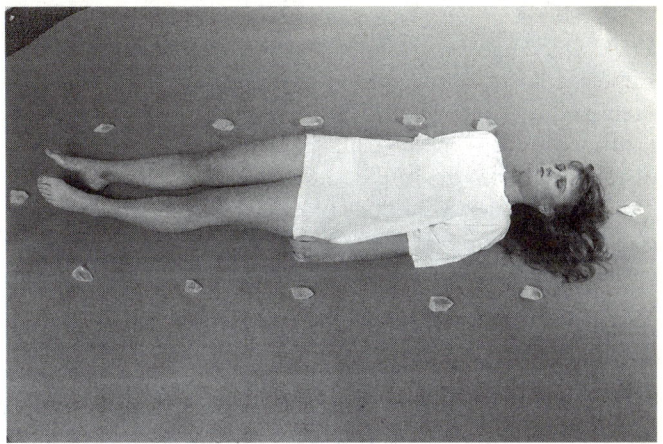

Das 12-Steine-Legemuster

während der Sitzung eine große Veränderung vorgegangen war. Normalerweise werden ein tiefer innerer Friede und eine beeindruckende Ruhe erreicht, und manchmal ist es möglich, wenn man den rechten Augenblick trifft, Spannungen und Streß in einer emotionalen Entladung aufzulösen, deren Kraft kaum zu beschreiben ist.

Während meiner Workshops und Seminare bitte ich im Publikum um einen Freiwilligen, um das 12-Steine-Legemuster vorführen zu können. Im allgemeinen ist die Person, die sich meldet, genau die richtige, um an ihr die Wirksamkeit des Legemusters zu demonstrieren, denn fast immer handelt es sich um jemanden, der dringend Heilung benötigt. Es ist interessant, daß ein Großteil der Menschen, die in meine Kurse kommen, dies in erster Linie deshalb tun, weil sie selbst im Innern ein so dringendes Bedürfnis nach Heilung haben, und erst in zweiter Linie, weil sie die Methode und die unterschiedlichen Techniken, die ich lehre und zeige, kennenlernen wollen.

Die Energien und die Schwingungen, die normalerweise in einem Workshop aufgebaut werden, sind wirklich bemerkenswert und helfen sehr, wenn es darum geht, Liebe und Heilkraft auf den, der vor Publikum behandelt wird, zu konzentrieren. Oft erlebt er eine tiefgreifende Auflösung emotionaler Spannungen, verborgene Blockaden werden entfernt, und eine großartige Verwandlung findet statt. Manchmal muß ich solchen Freiwilligen, die sich im Workshop zu Demonstrationen gemeldet haben, später privat zusätzliche Heil- und Beratungssitzungen geben, damit sie auch wirklich alles loswerden können.

Heilung durch bestimmte Legungen von Kristallen hebt das Energieniveau des ganzen Körpers an und bringt all die oft über Jahre angestauten Gefühle ans Licht. Beim Heilen mit Kristallen wird nur selten jemand versuchen, eine Diagnose des Gesundheitszustands des Patienten zu stellen, sei es in normaler Alltagssprache oder in medizinischer Terminologie. Alle Krankheit hat nach unserer Auffassung ihre Ursache darin, daß das normale Schwingungsfeld des Körpers aus dem Gleichgewicht geraten ist.

Beim Heilen mit Kristallen – egal, welche Technik wir benutzen – besteht unser Ziel immer darin, das Gleichgewicht zwischen dem physischen Körper und den feinstofflichen Körpern des Patienten wiederherzustellen. Allerdings gibt es keine Garantie für eine Heilung. Tatsächlich wäre es äußerst unprofessionell für einen Naturheilkundigen, irgend etwas zu versprechen. Aber Linderung kann erreicht werden, und das geschieht auch regelmäßig.

Obwohl die Schulmedizin uns Kristallheiler im großen und ganzen als Quacksalber und unsere Methoden als Placebo abtut, so ist es doch ermutigend, daß einzelne Ärzte Kontakt mit uns aufnehmen, um Näheres über das Heilen mit Kristallen zu erfahren. Ganz wenige von ihnen benutzen Kristalle sogar in Verbindung mit ihrer eigenen allopathischen Medizin. Welche Krankheit es auch sei, Krebs oder nur eine einfache

Grippe – Kristalle können zur Verbesserung des Zustands beitragen.

Wenn der Zeitpunkt und die Umstände richtig sind, dann
kann Heilung stattfinden. Jedoch müssen wir uns alle den
Karmagesetzen, dem Gesetz von Ursache und Wirkung, unterwerfen, und wenn es zu unseren Aufgaben gehört – als Folge
von etwas, das uns in einem früheren Leben zugestoßen ist –,
zu leiden, dann kann uns alle positive Heilkraft dieser Welt
nicht helfen.

Heilung mit Kristallen ist für Menschen aller Altersgruppen
geeignet. Eine ältere Dame von Mitte Siebzig kam beispielsweise eines Tages in Begleitung ihrer Schwester in meinen
Heilraum gehumpelt. Sie konnte schon seit vierzehn Jahren
nicht mehr richtig gehen. Ich half ihr auf meine Massageliege,
und sie legte sich auf den Rücken. Doch ihr linkes Bein konnte
sie nicht ausstrecken, sie mußte das Knie angewinkelt lassen.

Ich plazierte die zwölf Kristalle um ihren Körper herum
und stellte mit meinem Kristallstab ein starkes einheitliches
Energiefeld her. Innerhalb der nächsten fünf Minuten begann
sich ihr linkes Bein langsam zu entspannen und lag schließlich
flach ausgestreckt auf der Liege. Der Mund ihrer Schwester
öffnete sich vor Erstaunen.

Zwanzig Minuten später, nachdem ich die Sitzung beendet
hatte, war meine Patientin wie ausgewechselt. Sie verließ meinen Behandlungsraum mit einer Beweglichkeit, die sie zuvor
niemals für möglich gehalten hätte. Sie ruft mich noch immer
von Zeit zu Zeit an, und ihr Bein wird laufend besser.

Das Davidstern-Legemuster

Bei dieser sehr effektiven Kristallanordnung sitzt der Patient
im Schneidersitz oder, wenn er es kann, im Lotossitz auf dem
Boden und hält einen Kristall in den Händen. Sechs weitere
Kristalle werden, wie es die Abbildung zeigt, in der Form des
Davidsterns um ihn herum angeordnet.

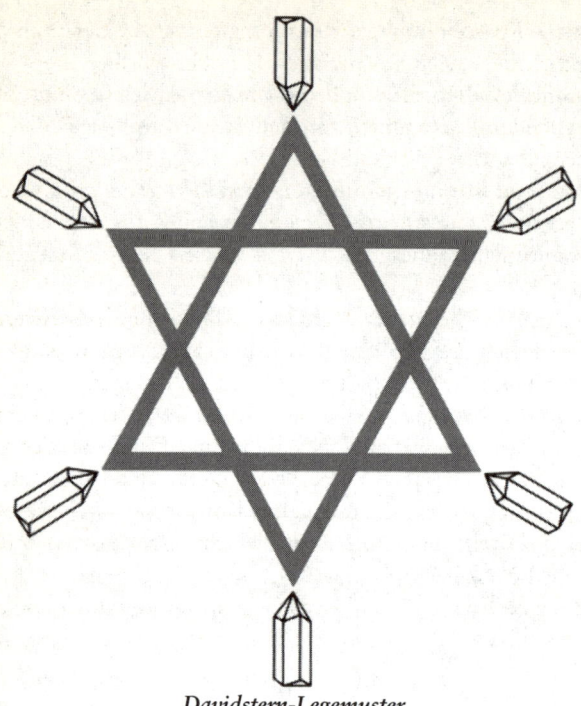

Davidstern-Legemuster

Die beiden wichtigsten Punkte (in der Abbildung rechts 1 und 6) dieses Legemusters befinden sich hinter und vor dem sitzenden Patienten, da sie den Ausgleich zwischen der spiritu- ellen Ebene im Rücken und der körperlichen Ebene vorne her- stellen.

Die Kristalle seitlich des Rückens (in der Abbildung 4 und 5) bilden zusammen mit dem Stein im Rücken (Punkt 1) das Dreieck der spirituellen Ebene. Die zwei Kristalle auf der rechten Körperseite (in der Abbildung 3 und 4) beziehen sich in spiritueller und körperlicher Hinsicht auf die obere Körper- hälfte von der Taille an aufwärts. Die beiden Steine auf der

linken Körperseite (in der Abbildung 2 und 5), beziehen sich
in spiritueller und in körperlicher Hinsicht auf die untere Kör-
perhälfte. Die Kristalle nahe den Knien (in der Abbildung 2
und 3) bilden zusammen mit dem Stein vorne (Punkt 6) das
Dreieck der körperlichen Ebene.

Das Davidstern-Legemuster gestattet es Ihnen, alle Aspekte
des Seins Ihres Patienten abzudecken und den körperlichen
und spirituellen Energiefluß im gesamten Körper auszugleichen.

Wenn der Patient unter ernsten körperlichen Beschwerden
leidet, dann empfehle ich, daß Sie ihren größten Kristall vor
den Körper (in der Abbildung 6) legen, an der Spitze des Dreiecks, das sich auf den Körper bezieht. Dadurch wird der Energiefluß, der die körperlichen Schwingungen heilt, größer sein.
Wenn der Patient keine körperlichen Beschwerden hat und die
Hauptursache für die Heilsitzung spiritueller oder emotionaler Streß ist, dann legen Sie Ihren größten Kristall hinter
den Körper (in der Abbildung 1).

Der siebte Kristall in diesem Legemuster, den Ihr Patient in
den Händen halten sollte, wird Generator genannt. Seine Auf-

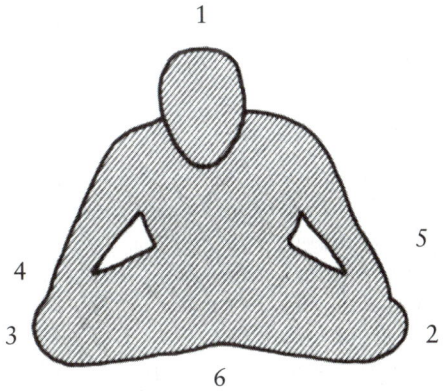

Die Plazierung der Kristalle als Davidstern

gabe ist es, die Heilenergie aufzunehmen, sie an die sechs anderen Kristalle weiterzugeben, das Energiefeld auszugleichen und dem Körper zu gestatten, so viel Heilenergie abzuzapfen, wie er benötigt.

Jeder Heiler, der mit Kristallen arbeitet, sollte mindestens einen Generatorkristall besitzen, den er ausschließlich diesem Zweck vorbehält. Er wird nach und nach zu einem Teil Ihrer eigenen Energiestruktur, sich mit Ihrer Energie aufladen und mit wachsendem Gebrauch an Wirksamkeit zunehmen.

Das Davidstern-Legemuster kann auch zum Einsatz kommen, wenn der Patient auf dem Rücken liegt. Hierbei muß der erste Kristall oberhalb des Kopfes mit der Spitze zum Kopf plaziert werden. Zwei Steine liegen links und rechts der Knie, mit der Spitze zum Kopf gerichtet. Zwei weitere liegen auf Schulterhöhe mit den Spitzen zu den Füßen weisend und korrespondieren dort mit dem sechsten Kristall, der unterhalb der Füße liegt, mit der Spitze zum Körper weisend.

Wie schon zuvor beschrieben, nimmt der Heiler seinen stärksten Kristall oder Kristallstab und energetisiert die sechs Steine, die um den Patienten herum liegen, indem er ihn mehrmals über sie hinwegführt. Der Patient sollte dann für fünfzehn bis zwanzig Minuten ruhig in seinem heilenden Energiefeld liegen.

Erste Hilfe mit Kristallen

Alle Krankheiten und allgemeinen Beschwerden, egal ob körperlicher oder seelischer Ursache, reagieren bis zu einem gewissen Grad auf Legungen mit Kristallen, und eine Verbesserung des Zustands ist nach einer ersten Behandlung fast selbstverständlich.

Bei *Knochenbrüchen* schlage ich vor, daß Sie zwei einendige Kristalle zur Anwendung bringen. Legen Sie den einen unterhalb und den anderen oberhalb des Bruches so ab, daß die Spitzen aufeinander gerichtet sind. Dies wird, nachdem ein

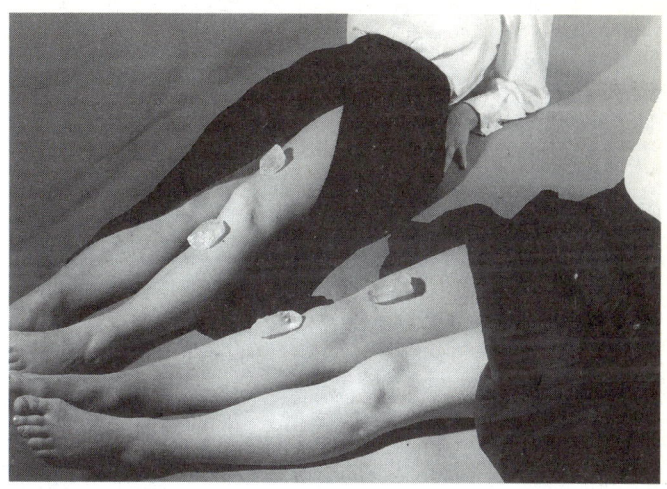

Die Behandlung von Knochenbrüchen und Verstauchungen

Arzt den Bruch versorgt hat, den Heilungsprozeß erheblich beschleunigen und darüber hinaus Komplikationen und Entzündungen verhindern. Zur gleichen Zeit kann der Patient noch zusätzlich mit Hilfe des 12-Steine-Legemusters behandelt werden.

Bei *Verbrennungen* ist ebenfalls die Technik anzuwenden, die ich eben für Brüche beschrieben habe. Zusätzlich kann man noch einen dritten Bergkristall über die Brandwunde halten, denn dies wird die Hautneubildung beschleunigen.

Im Fall von *Gehörproblemen* benötigt man einen einendigen Bergkristall: einen über dem Scheitel und je einen links und rechts hinter den Ohren, die Spitzen aller drei Steine weisen zum Kopfmittelpunkt.

Auch die *Wirbelsäule* kann man mit Kristallen behandeln. Hierzu liegt der Patient mit dem Gesicht nach unten am besten auf dem Boden. Den einendigen Bergkristall legen Sie zwischen die Knöchel mit der Spitze zur Wirbelsäulenbasis gerichtet. Den zweiten plazieren Sie direkt oberhalb der betroffenen Stelle an der Wirbelsäule, denn Sie wollen ja nicht, daß die Energie das ganze Rückgrat hinauffließt, sondern nur bis dorthin, wo der Schmerz sitzt.

Bei *Knöchelverstauchungen* legen Sie einen einendigen Bergkristall so unter den Fuß, daß die Spitze den Fußballen berührt. Den zweiten plazieren Sie, mit der Spitze auf das betroffene Gelenk gerichtet, unterhalb des Knies. Befindet sich die *Verstauchung im Handgelenk*, dann verfahren Sie auf dieselbe Weise: Der erste Kristall wird in die Handfläche gelegt und der zweite auf den Unterarm; beide Spitzen weisen auf die Verletzung. Dies gilt auch für *Verstauchungen im Kniegelenk*.

Migräneartige *Kopfschmerzen* werden im Prinzip durch ein energetisches Ungleichgewicht im Körper verursacht. Um Migräne erfolgreich zu behandeln, würde ich vier einendige Bergkristalle benutzen: Zwei Kristalle plaziere ich links und rechts am Halsansatz neben den Schlüsselbeinen mit den Spitzen zu den Füßen weisend, die beiden anderen unterhalb der Füße so, daß ihre Spitzen die Fußballen berühren. Auf diese Weise kann ein Energieaustausch entlang des Hauptmeridians erfolgen.

Beziehungsprobleme

Es gibt viele Möglichkeiten für Kristall-Legemuster, und sie können auch sehr erfolgreich zur Klärung von Beziehungsproblemen eingesetzt werden, und zwar unabhängig davon, ob es sich um ein Liebespaar, um Ehepartner oder einfach nur um gute Freunde handelt. Wenn zwei Menschen miteinander in einen Konflikt geraten sind, vielleicht aus einer übergroßen Anspannung heraus oder wegen eines Mißverständnisses, dann kann ich die Anordnung des doppelten Dreiecks sehr empfehlen.

Dieses Legemuster wird helfen, Verständnis zwischen zwei Menschen aufzubauen, indem es ein energetisches Gleich-

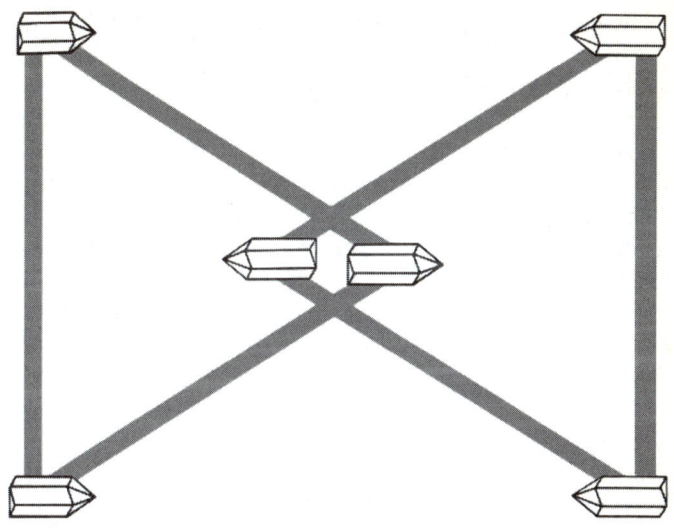

*Das doppelte Dreieck aus Bergkristallen zur Konfliktlösung
zwischen zwei Menschen*

gewicht zwischen ihnen herstellt. Die beiden sollten sich von
Angesicht zu Angesicht etwa einen Meter voneinander entfernt im Schneider- oder Lotossitz gegenübersitzen. Jeder
nimmt zwei Kristalle und legt sie parallel zueinander hinter
sich ab (siehe Abbildung). Den dritten Stein plazieren Sie so,
daß er mit den anderen zwei ein Dreieck bildet. Alle drei
Kristallspitzen sind jeweils auf den Gegenübersitzenden gerichtet.

Stellen Sie sich eine Trennlinie zwischen den beiden Personen vor. Der dritte Kristall befindet sich jeweils jenseits dieser Linie im Bereich des Gegenübers. Beide Dreiecke sind auf
diese Weise ineinander verschränkt und formen in der Mitte,
wo die beiden Dreiecke ineinandergreifen, einen unsichtbaren
Diamanten.

Der Effekt, den Sie damit hervorrufen, ist symbolischer Natur. Sie verschmelzen die Energie, die durch das Dreieck des einen entsteht, mit der des anderen. Beide heilen und lassen ihre Blockaden los, und deshalb kann Verständnis zwischen ihnen entstehen.

Dieses Kristall-Legemuster ist insbesondere dann sehr wirkungsvoll, wenn die spirituellen Schwingungsfelder der beiden Partner ohnehin schon gut aufeinander abgestimmt sind. Das doppelte Dreieck aus Kristallen wird sie noch näher zusammenbringen. Es könnte auch zwischen einem Elternteil und seiner Tochter oder seinem Sohn von Nutzen sein, um eine friedlichere und verständnisvollere Beziehung zwischen ihnen herzustellen.

Kristalldreiecke

Zusätzlich zu den bereits beschriebenen Kristall-Legemustern verwende ich auch unterschiedliche Kristalldreiecke. Bei dieser Konfiguration werden drei Kristalle so gelegt, daß sich die Kristallenergie von ihren Spitzen ausgehend in der Mitte konzentriert. Der Patient sitzt hierbei entweder im Zentrum des Dreiecks, oder aber die drei Steine werden um eine kranke Körperzone gruppiert.

Um eine Störung im Bereich des Oberkörpers zu behandeln, bitten Sie Ihren Patienten, sich bis auf die Unterwäsche auszuziehen und sich auf den Rücken zu legen. Sie plazieren je einen Bergkristall auf den beiden Schultern und einen dritten oberhalb des Bauchnabels. Alle Spitzen sind ins Innere des Dreiecks gerichtet, und eine Energiekonzentration in seiner Mitte kann nun stattfinden.

Bei einer Störung im unteren Körperbereich legen Sie einen Bergkristall auf den Bauch, unterhalb des Nabels, mit der Spitze zu den Füßen weisend und die beiden anderen auf je einen Oberschenkelansatz mit der Spitze auf den Kopf gerichtet. Auch in diesem Dreieck wird sich die Heilenergie der Steine konzentrieren und auf den Unterkörper einwirken.

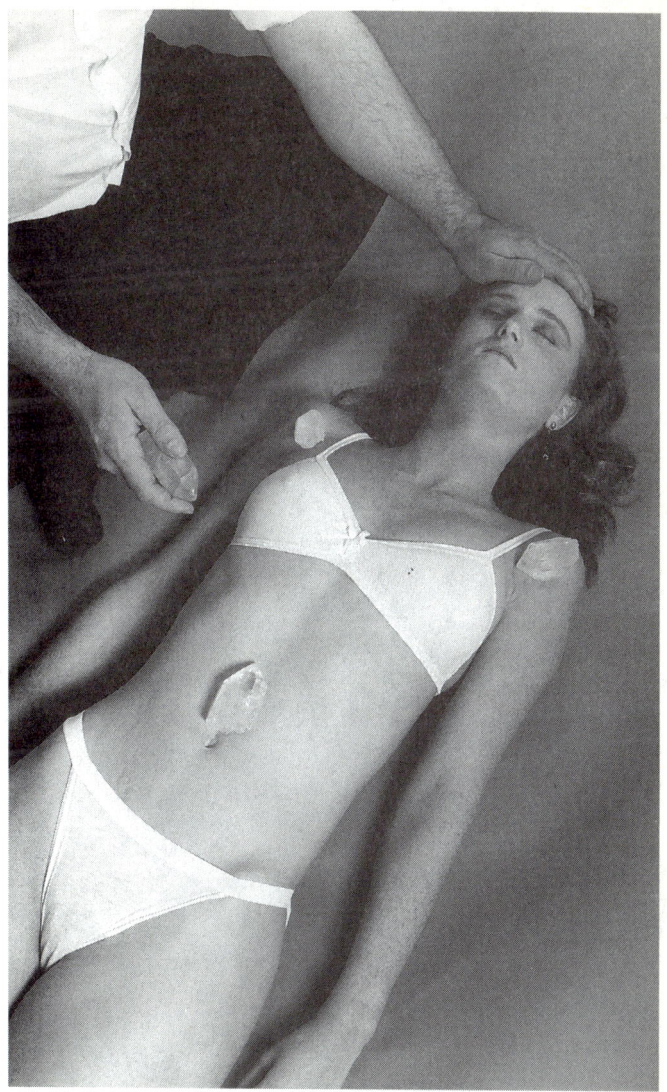

Kristalldreieck auf dem Oberkörper

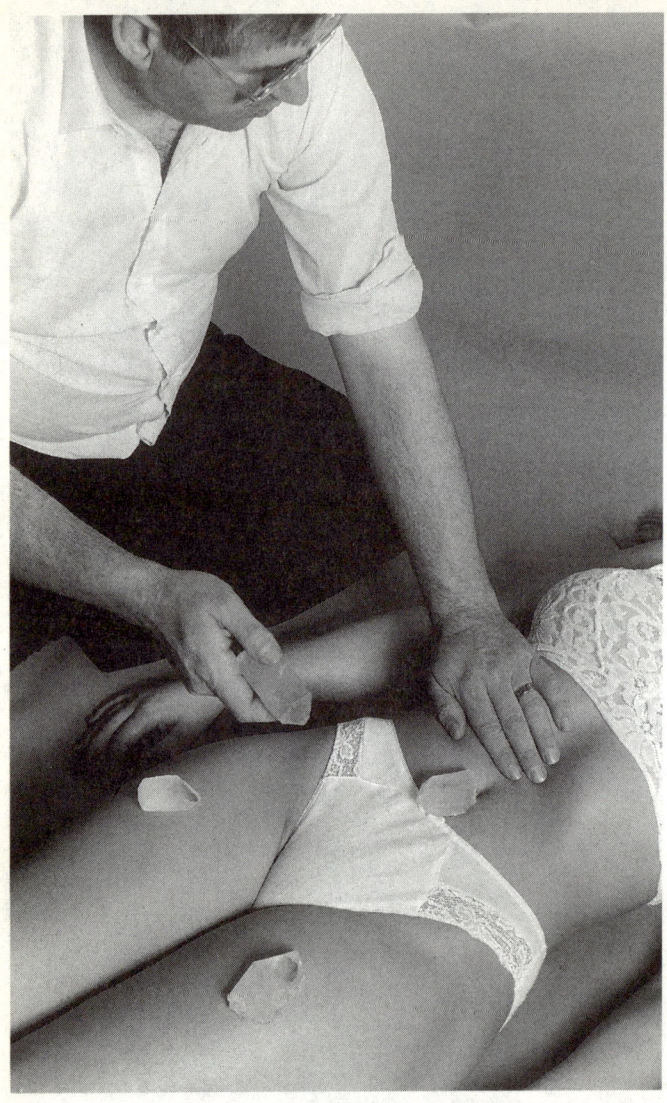

Kristalldreieck auf dem Unterkörper

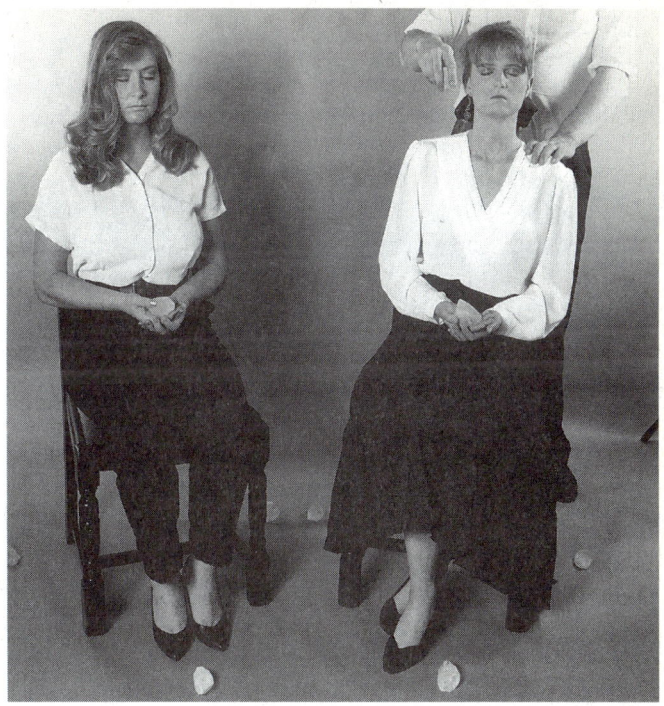

Anwendung der Kristalle im Sitzen

Vielleicht wollen Sie eigene Anwendungen des Kristalldreiecks entwickeln, um den besonderen Bedürfnissen Ihrer Patienten zu entsprechen.

Auch Kristalldreiecke, in deren Mitte die Patienten sitzen, können sehr wirkungsvoll sein. Um den physischen Körper zu heilen, legen Sie einen Kristall mit der Spitze von dem Sitzenden fortweisend auf dem Boden vor ihm ab und zwei weitere hinter ihm, aber so, daß der Stuhl innerhalb des Dreiecks steht, das alle drei Steine miteinander bilden. Die Spitzen der beiden hinteren Kristalle sind auf den Patienten gerichtet.

Um den spirituellen Körper zu heilen, plazieren Sie einen Kristall, dessen Spitze von dem Sitzenden fortweist, hinter dem Stuhl und zwei weitere vor ihm, aber so, daß der Stuhl innerhalb des Dreiecks steht, das alle drei Steine miteinander bilden. Die Spitzen der beiden hinteren Kristalle sind auf den Patienten gerichtet.

Während Ihr Patient auf seinem Stuhl innerhalb eines der beiden beschriebenen Dreiecke sitzt, nehmen Sie Ihren stärksten Kristall oder Kristallstab zur Hand und bewegen ihn im Uhrzeigersinn um den Sitzenden und die drei Bergkristalle, die das Dreieck markieren, herum, um ein einheitliches Kristallenergiefeld um den Körper des Patienten aufzubauen.

Kristallenergie-Legemuster für die Nacht

Diese Legemuster sind eine Abwandlung des Kristalldreiecks und dienen dem Zweck, den Patienten in der Nacht, während er schläft, mit einem Kristallenergiefeld zu umgeben. Dieses Legemuster entwickelt nachts eine wunderbare Heilkraft und versorgt den Schlafenden mit Energie, die ihm Widerstandskraft gegen alle von außen kommende Negativität gibt und ihm eine Phase des wirklich entspannten Ausruhens ermöglicht.

Für die Nacht sollten die Bergkristalle entweder zwischen Matratze und Lattenrost oder auf den Boden unter das Bett gelegt werden. Ein Kristall wird in der Mitte des Kopfendes, zwei weitere an den äußersten Ecken des Fußendes plaziert. Die Spitzen aller drei Steine weisen zum Bettmittelpunkt.

Dieses Legemuster schafft ein Dreieck aus konzentrierter Kristallenergie, die jedem, der sich in dem Bett befindet, nutzen wird. Das Energiefeld wird sich im Laufe der Nacht und nach und nach ausbreiten, bis das ganze Bett in ein starkes Energiefeld eingehüllt ist. Während der Patient schläft, durchdringt die Kristallenergie sanft seinen Körper auf allen Ebenen, lädt ihn auf und verbessert seinen allgemeinen Gesundheits- und Gemütszustand.

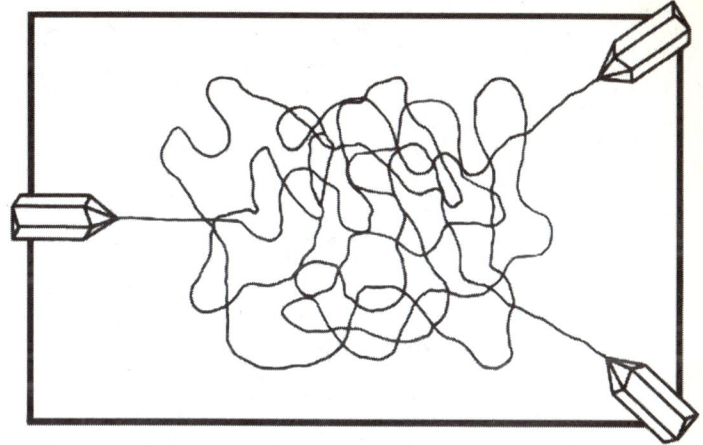

Diese um ein Bett angeordneten einendigen Bergkristalle erzeugen einen harmonischen Energiefluß

Wenn Sie für sich selbst dieses Legemuster nutzen wollen, dann müssen Sie sich zuvor Klarheit darüber verschaffen, welches Ziel Sie erreichen wollen, und Ihre Kristalle entsprechend programmieren.

Kristall-Legemuster für Räume

Auch Räume lassen sich durch eine besondere Plazierung von Bergkristallen mit positiven Schwingungen aufladen, die alles Negative auflösen und Ihnen jeden Tag Kraft schenken. Plazieren Sie je einen Bergkristall so in jede Ecke des Raumes, daß die Spitze jeweils in die Mitte des Zimmers zeigt. Entweder Sie legen die Steine auf den Boden, oder aber Sie finden einen Weg, um sie an der Decke zu befestigen.

Damit Ihre Steine die größtmögliche Wirkung entfalten, müssen Sie sie ununterbrochen an dem Platz liegenlassen, den Sie ihnen zugewiesen haben. Sie werden schon bald feststellen, daß sie Sie mit einem Feld aus reiner, positiver Energie umge-

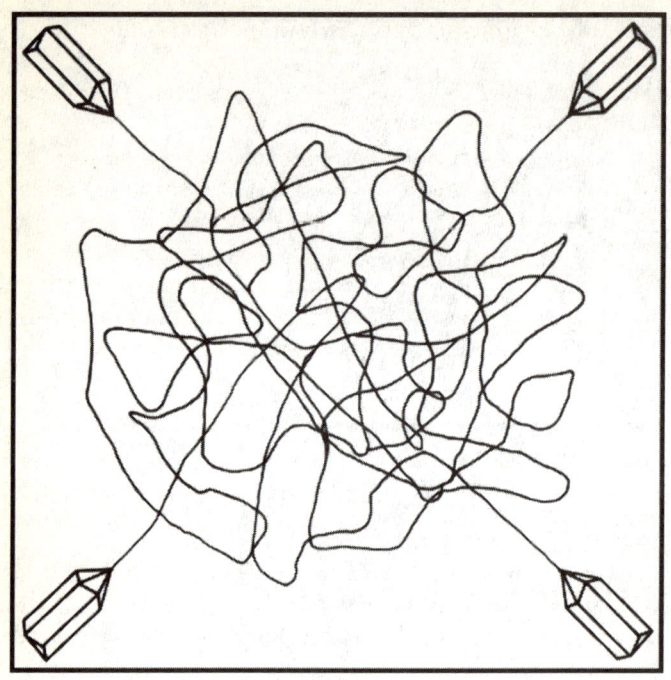

Legemuster, um einen Raum mit Kristallenergie aufzuladen

ben, und alle negativen Kräfte, die Ihre Kunden, Freunde oder Besucher unbewußt in diesen Raum hineingetragen haben, können Ihnen nun nichts mehr anhaben.

Wie bei der Anordnung von Kristallen um ein Bett, so ist es auch beim Legemuster für einen Wohn- oder Arbeitsraum wichtig, daß Sie eine klare Vorstellung davon besitzen, mit welchem Ziel Sie dieses Kristallenergiefeld herstellen. Erst dann ist dafür gesorgt, daß Sie nicht doch negativen oder saugenden Energien durch Ihre Umgebung ausgesetzt sind.

Kristall-Legemuster der vier Himmelsrichtungen

Diese Anordnung eignet sich für die Meditation und für das Aufladen von Gegenständen.

Sie benötigen vier große Bergkristalle. Zunächst müssen Sie jedoch mit einem Kompaß die vier Himmelsrichtungen genau bestimmen.

Legen Sie jeweils einen Kristall im Norden, im Süden, im Osten und im Westen ab. Die Spitzen der Kristalle sollten in die Mitte weisen. Setzen Sie sich dann in die Mitte zwischen die vier Kristalle. Entspannen Sie sich, und beobachten Sie, wie Streß und Anspannung aus Ihrem Körper hinausfließen.

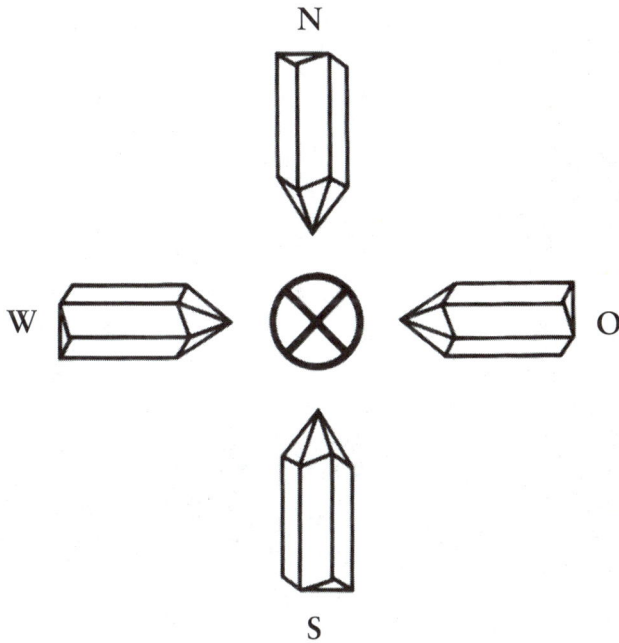

Kristall-Legemuster der vier Himmelsrichtungen

Bleiben Sie fünfzehn bis zwanzig Minuten sitzen. Wenn es Ihnen angemessen erscheint, können Sie dabei eine Kristalldruse in den Händen halten. Wenden Sie Ihr Gesicht der Himmelsrichtung zu, die Sie am meisten anzieht; viele Menschen sitzen dem Osten zugewandt.

Wenn es sich für Sie besser anfühlt, sich in der Mitte dieses Kristallfeldes hinzulegen, dann sollte Ihr Kopf im Norden, und Ihre Füße im Süden liegen. So werden Sie an der Polarität der Erde ausgerichtet.

Aufladen können Sie mit dieser Energiekonfiguration auch Kristalle, Wasser oder jeden beliebigen Gegenstand. Sie verstärken dieses Aufladen noch zusätzlich, wenn Sie das Objekt in eine Pyramide geben, die sich ihrerseits zwischen den vier Bergkristallen befindet, die die Himmelsrichtungen markieren.

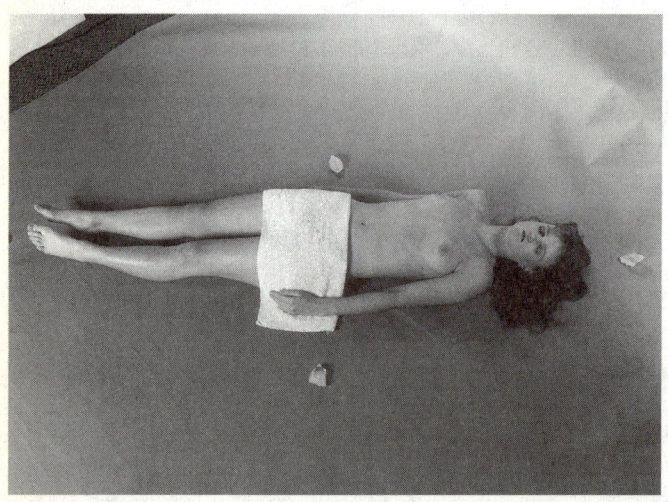

Bei der Meditation im Liegen im Legemuster der vier Himmelsrichtungen sollte der Kopf nach Norden zeigen

10.
Heilen mit Farben
und Kristallen

Für meine Heilsitzungen mit Farben und Kristallen habe ich mir eine besondere Lichtbox gebaut. Es ist eine rechteckige Schachtel mit einem Loch in der Mitte des Bodens, in dem eine kleine Lampe befestigt ist. Über das Loch, durch das die Lampe ihr Licht wirft, lege ich Farbfilter und darauf bestimmte Bergkristalle. Wenn man Bergkristall auf diese Weise einsetzt, wird die Wirkung der durch die Lichtfilter erzeugten Farbstrahlen, die man zu Heilzwecken projizieren kann, verstärkt.

Für diesen Zweck eignen sich einendige Generatorkristalle oder Bergkristallgruppen. Das Wichtigste an einer Lichtbox für Kristalle ist, daß das Farblicht den Kristall vollständig durchflutet.

Bevor Sie einen Kristall, der in der Lichtbox bereits mit einer Farbe behandelt wurde, mit einer neuen Farbe in Verbindung bringen, sollten Sie ihn reinigen.

Schon seit unendlich langer Zeit werden Farben und farbige Lichtstrahlen zur Heilung eingesetzt. Farben beherrschen jeden wachen Moment unseres Lebens und dringen sogar in unsere Träume ein. Alles, was wir um uns herum sehen, hat eine oder mehrere Farben. Was also ist Farbe?

Manche Menschen haben recht genaue Vorstellungen und bestimmte Gefühle in bezug auf Farben. Die Liebe zu den Farben hat ihren Ursprung im Unbewußten des Individuums.

Farben berühren uns emotional, machen Dinge wärmer oder kälter, rufen Sympathie hervor oder schaffen Ruhe. Einige Menschen reagieren sensibler auf Farben als andere. Manche sind von einem Farbton angezogen oder von ihm fasziniert, während andere sich gerade durch diese Farbmischung abgestoßen fühlen oder sich nicht dafür interessieren.

Es besteht kein Zweifel daran, daß Farben einen recht starken Einfluß auf unser Denken und Fühlen haben. Farben sind keine tote Materie, wie manche Leute annehmen, sondern eine lebendige Kraft, die großen Einfluß auf unser Leben nimmt. Farben sind ein wichtiges Werkzeug, auch wenn nur wenige sie als solches erkennen oder darüber nachdenken, wie man sie gewinnbringend nutzen könnte. Farbberater setzen beispielsweise Farben mit dem Ziel ein, Aufmerksamkeit zu wecken, oder sie versuchen, die Produktivität von Angestellten eines Büros oder Arbeitern in einer Fabrik durch ein wohlüberlegtes Farbkonzept zu erhöhen. Mit Hilfe von Lichteffekten schaffen sie in Restaurants eine besondere Atmosphäre. Im Straßenverkehr werden Farben benutzt, um vor Gefahren zu warnen. Der richtige Einsatz von Farben kann sich natürlich auch auf die Auswahl von schlaffördernden Farben für ein Schlafzimmer beziehen. In der Farbpsychologie ist es sogar möglich, die Persönlichkeit eines Menschen anhand seiner Farbwahl zu deuten.

Farben sind ein wichtiges Element unseres Daseins, trotzdem beruht für die meisten Menschen der Umgang mit Farbe wegen mangelnder Kenntnisse mehr auf Versuch und Irrtum. Viele Männer und Frauen setzen Farben zwar eindrucksvoll bei ihrer Kleidung ein, aber ihr Zuhause mag gleichzeitig wenig Geschmack oder Mut in der Farbwahl demonstrieren, weil sie Farben nicht verstehen. Man zieht sich vielleicht zweimal am Tag um, sein Haus oder seine Wohnung aber dekoriert man im Höchstfall alle zwei Jahre neu. Und doch sind es die Farben in den Räumen, die die größten Auswirkungen auf Stimmung und Persönlichkeit haben.

Wissen, Urteilsvermögen und Intuition gehören alle drei zum richtigen Umgang mit Farben. Dabei handelt es sich gleichermaßen um eine Wissenschaft wie um eine Kunst. Beherrscht man sie, dann wird man mit einer größeren Empfindsamkeit für das Medium Farbe und mit größerer Freude am Umgang mit ihr belohnt. Die Farbpalette zu kennen und zu wissen, wie unterschiedlich Farben auf Lichteinfluß reagieren, warum sie verblassen und wie man sie dazu einsetzen kann, Stimmung, Linien, Formen, Aussehen und Perspektive zu verändern, welche optischen Effekte man mit Farbkombinationen erzielen kann und welchen psychologischen Einfluß farbige Beleuchtung hat – all dies ist entscheidend, wenn Sie mit Farben eine bestimmte Wirkung erzeugen wollen.

Das Wissen um die Heilkraft der Farben und ihre Fähigkeit, Körper und Geist ins Gleichgewicht zu bringen, ist weit verbreitet und sehr alt. Doch wie sehr wird diese Heilkraft erhöht, wenn sie mit der Kristallenergie kombiniert wird!

Edelsteine, die ja ein farbiges Licht einer besonders geheimnisvollen Art in sich zu tragen scheinen, wurden schon immer verehrt und in der Antike gemahlen und aufgelöst oder in Wasser getaucht, um sie als Mittel gegen allerlei Krankheiten einzusetzen. Der Goldberyll beispielsweise wurde gegen Gelbsucht verschrieben; mit Heliotrop behandelte man Blutungen und Blutkrankheiten, und der prismatische Diamant war wie heute der Bergkristall als Allheilmittel begehrt.

Noch vor hundert Jahren wurde die Verbindung von Farben und Heilkunde, von Kristallen und Heilkunde und ganz bestimmt die Verbindung aller drei von Schulmedizinern als Quacksalberei abgetan.

Die meisten Therapeuten, die mit Farben und Kristallen heilen, legen ihren Theorien die Existenz der Aura zugrunde, das heißt, eines Energiefeldes, das hellsichtige Menschen um den Körper herum wahrnehmen. Die vollkommene Gesundheit von Körper und Geist hängt von der Balance der einzelnen Farben in der Aura und von dem harmonischen Zusammenspiel der Energiezentren, der Chakras, ab. Fehlt eine Farbe oder ist eine dominierend, so sollte das natürliche Gleichgewicht durch eine Heilsitzung mit Kristallen wiederhergestellt werden.

Der Mensch war sich vom Anbeginn der Zeit der Farben bewußt. Regeln im Umgang mit ihnen waren Bestandteil vieler Weisheitslehren überall auf der Welt. Denn Farben gibt es auf allen Ebenen des Lebens, genauso wie Energiewellen überall existieren und Farben die Manifestation von Energiewellen sind. Die Sonne, unsere allumfassende Lichtquelle, schickt ihre lebenspendenden Lichtschwingungen in sieben Hauptstrahlen aus.

Jeder Mensch inkarniert sich in seine ureigenste Farbe, die einem der Hauptstrahlen entspricht und die in ihrer Schattierung den individuellen Entwicklungsstand dieses Menschen zum Ausdruck bringt. Jeder besitzt darüber hinaus drei weitere Strahlen, die Nebenstrahlen, die die Seelenfarben repräsentieren. Wenn sich all diese Strahlen in Harmonie miteinander befinden, dann erfreut sich diese Person vollkommener Gesundheit und uneingeschränkter Kraft. Sind die Strahlen jedoch nicht untereinander ausgeglichen, so wird das Energieniveau abnehmen, und Krankheiten werden ausbrechen. In solchen Fällen kann die lebendige Kraft von Farben und Kristallen dazu eingesetzt werden, um aufzubauen, wiederherzustellen und zu erneuern. Jede Farbe hat positive und negative Schattierungen. Klare und starke Farbtöne in der Aura weisen auf positive Qualitäten hin: Einsatzbereitschaft, Kraft und Wille. Schwache, blasse oder stumpfe Farbtöne in der Aura deuten Mangel an Energie und Instabilität an. Manche Farben haben wärmenden Charakter, so etwa Rot, Orange und Gelb, andere kühlenden, so etwa Blau, Violett und Magentarot; dazwischen liegt das neutrale oder ausgleichende Grün.

Je mehr Licht eine Person durch Spiritualität und hohe Ideale anzieht, desto schöner werden die Farben in ihrer Aura

sein. Ein weitentwickelter Mensch wird nur positive Farb-
schattierungen, die wohlausgewogen sind, in seiner Aura auf-
weisen. Solche Menschen erscheinen uns wie von Licht umgeben und wirken beruhigend und heilend auf uns.

In der Aura eines weniger entwickelten Menschen sind die
Farben nicht so strahlend und rein. Die Aurafarben können
fleckig, matt oder weniger schön anzusehen sein – es mag
sogar dunkle Stellen, Flecken oder Löcher in der Aura geben,
und man kann in der Regel rein intuitiv feststellen, ob diese
Erscheinungen auf Streß, Krankheit, Schwäche, Drogen,
Alkohol, auf das Rauchen oder nur auf schlechte Ernährung
zurückzuführen sind. Farben und Kristalle können als viel-
seitige therapeutische Werkzeuge in jeder Form von Heilung
und auf jeder Ebene metaphysischer Existenz eingesetzt
werden.

Die sieben Haupt-Chakras oder Energiezentren sind an die
sieben Farben des Spektrums gekoppelt:

Das Basis- oder Wurzel-Chakra, das die Keimdrüsen beeinflußt, wird mit der Farbe Rot assoziiert. Dem Sexual-Chakra,
dem die Nebennieren zugeordnet sind, ist die Farbe Orange
zugehörig. Zum Solarplexus-Chakra gehört die Farbe Gelb,
und es herrscht über alles, was mit dem Verstand und der
Konzentration zu tun hat. Die Farben Grün und Rosa symbolisieren das Herz-Chakra, das unsere gefühlsmäßigen Bindungen beeinflußt. Die Farbe Blau repräsentiert das Hals-Chakra,
dem die Schilddrüse zugeordnet ist. Das Stirn-Chakra oder
Dritte Auge wird mit der Farbe Violett oder mit Purpurrot in
Verbindung gebracht und hängt mit der Hirnanhangdrüse zusammen. Und zum Scheitel-Chakra und der Zirbeldrüse
schließlich gehören die Farben Magentarot oder Indigoblau.

Ein Ungleichgewicht in einem Chakra oder in mehreren
gleichzeitig beeinträchtigt den ganzen Menschen. Heilung
kann durch viele unterschiedliche Methoden erfolgen, aber
beim Heilen mit Farben und Kristallen sind es vor allem zwei:
Entweder wird farbiges Licht mit Hilfe einer Lichtbox durch

einen Bergkristall hindurch auf den erkrankten Körperteil oder auf den gesamten Körper projiziert, oder aber man bringt Kristalle und Edelsteine entsprechend ihrer Farbe zur Anwendung.

Heilen mit Kristallen durch die Lichtbox

Eine Lichtbox erhalten Sie über Crystal 2000 (Adresse siehe hinten im Buch), oder aber Sie bauen sie sich mit etwas Geschick selbst.

Wenn Sie letzteres in Erwägung ziehen, dann sollten Sie darauf achten, daß Ihre Lichtbox leicht und nicht zu groß wird. Die Glühbirne sollte Tageslichtqualität haben. Keinesfalls dürfen Sie eine Glühbirne verwenden, die ultraviolettes Licht erzeugt. Die Kiste sollte so gebaut sein, daß das Licht direkt durch die Öffnung fällt, die sich entweder oben oder an einer der Seiten der Box befinden kann.

Es ist sehr wichtig, daß Ihre Lichtbox so gebaut ist, daß Sie die Filter möglichst leise und mühelos wechseln können, daß Sie also weder Ihren Patienten stören noch sich beim Filterwechsel die Finger verbrennen. Zweckmäßig wäre es auch, einen kleinen Ventilator einzubauen, damit nicht zuviel Wärme entsteht, die den Patienten beeinträchtigen könnte; schließlich geht es um Licht und nicht um Hitze. Ideal ist es, wenn die Lichtbox auf ein Stativ montiert werden kann, damit es möglich ist, sie problemlos in alle Richtungen zu schwenken.

Der wichtigste Teil des Apparates ist natürlich das Filtersortiment, und wenn möglich sollte nur handgefertigtes farbiges Glas benutzt werden. Es hat eine Dichte und Schwingung, die maschinell nicht hergestellt werden können, und, wie alle natürlichen Materialien, kann es von allen negativen Einflüssen gereinigt und Ihrem besonderen Zweck geweiht werden. Die Schönheit von handgefertigtem farbigem Glas geht auch mit Lufteinschlüssen und kleinen Unreinheiten einher; das

Licht wird die Scheibe nicht nur durchdringen, sondern auch scheinbar in ihr festgehalten und bekommt dabei eine glitzernde, juwelenhafte Qualität.

Jeder handgefertigte Filter, egal welche Farbe er auch vordergründig zu haben scheint, enthält alle Farben des Spektrums, und seine Eigenschaften sind wirklich wunderbar. Die Glasmacher, die heute noch farbiges Glas herstellen, sind oft großartige visionäre Künstler; ihr Rohmaterial ist das Tageslicht, die sichtbare Manifestation des Schöpfergottes, das sie in vibrierende Farben übersetzen.

Sie benötigen nur fünf Grundfarben – Rot, Gelb, Grün, Violett und Blau –, da die übrigen Farben aus ihnen gemischt werden können:

Rot und Gelb:	Orange
Blau und Violett:	Indigoblau
Gelb und Grün:	Lindgrün
Blau und Grün:	Türkis
Rot und Violett:	Magentarot
Blau und Rot:	Scharlachrot

Für allgemeine Heilsitzungen mit Farben und Kristallen empfehle ich die Verwendung eines fast ganz klaren Bergkristalls. Der Kristall sollte so auf dem Farbfilter plaziert werden, daß das Licht durch ihn auf den Patienten projiziert wird. Das Licht, das den Filter durchdringt, läßt den Kristall in der Farbe erglühen, die Sie ausgewählt haben.

Am besten ist es, wenn Sie sich für diese Heilsitzungen einen speziellen Kristall vorbehalten. Er muß immer für jeden Patienten neu gereinigt werden.

Die Entscheidung darüber, welche Farbe Sie auswählen, hängt hauptsächlich von Ihren Beobachtungen ab, die Sie bezüglich der Symptome Ihres Patienten machen. Unterschätzen Sie dabei niemals Ihre intuitive Begabung; oft ist es die Intuition, die Sie am sichersten zu Ihrem Ziel führt.

Wahrscheinlich werden Sie an Ihrem Patienten bemerkt haben, daß eines oder mehrere Chakras aus dem Gleichgewicht geraten sind, und Sie werden diese Energiezentren behandeln müssen, um die Harmonie im Körper wiederherstellen.

Es folgen Hinweise für die richtige Anwendung der Farben:

Rot
Dies ist die intensivste Farbe, und sie sollte daher vorsichtig und weise eingesetzt werden. Rot ist belebend, stimulierend und erregend; es unterstützt das Einatmen und erhöht den Blutdruck. Rot kann bei der Behandlung von chronischen Krankheiten angezeigt sein und hilft vor allem gegen Rheumatismus und Arthritis. Rot steht für *Energie* schlechthin.

Orange
Dies ist eine Farbe, die Depressionen entgegenwirkt, eine bessere Verdauung herbeiführt und vor allem den Stoffwechsel unterstützt. Orange erleichtert die Aufnahme von Sauerstoff und trägt so zum besseren Funktionieren der Lungen bei. Die Farbe löst Furunkel auf und bringt Abszesse an die Oberfläche. Sie verjüngt, führt aber auch häufig zu einem zu hohen Blutdruck. Orange steht für die *Freude*.

Gelb
Diese Farbe stimuliert das Nervensystem, hilft bei Geisteskrankheiten und regt die Lymphdrüsen an. Sie kann unter Umständen bei der Behandlung von Arthritis helfen, indem sie die Ablagerungen im Körper auflöst. Gelb ist die Farbe der emotionalen *Losgelöstheit*.

Grün
Wie Rot so muß auch Grün vorsichtig eingesetzt werden. Obwohl Grün die Farbe des Gleichgewichts ist, kann übermäßige Anwendung zur Auflösung junger Zellstrukturen führen. Es belebt die Hirnanhangdrüse, erhöht die körper-

eigenen Schwingungen und ist sehr hilfreich bei kleineren Verletzungen wie Schnitt- und Schürfwunden und blauen Flecken. Grün ist die Farbe, die man bei der Behandlung von Krebs heranziehen sollte; bei schwangeren Frauen darf man sie jedoch niemals verwenden. Grün ist die Farbe des *Ausgleichs* und des *Gleichgewichts*.

Türkis

Durch seinen erfrischenden und kühlenden Charakter wirkt Türkis sehr beruhigend auf nervöse Patienten. Es eignet sich für die Behandlung von Entzündungen. Hilft auch bei Ekzemen. Türkis ist die Farbe der *Immunität*.

Blau

Von allen Farben hat Blau die größte Heilkraft. Blau unterstützt das Ausatmen und senkt den Blutdruck. Blau ist die Farbe des Friedens, es entspannt den ganzen Körper und reguliert den harmonischen Aufbau von Gewebe und Körperstruktur. Blau löst Kopfschmerzen und Migräne auf und ist hilfreich gegen Asthma. Es unterstützt den Schlaf, reduziert Angst, beruhigt Infektionen und Entzündungen, befreit von Juckreiz und heilt Verbrennungen. Blau ist die Farbe der *Entspannung*.

Violett

In dieser Farbe verbinden sich zwei Wirkungen: das Entspannende der Farbe Blau und das Stimulierende der Farbe Rot. Es ist die Farbe des ausgeglichenen Bewußtseins – die Farbe der Göttlichkeit, Kreativität und Stabilität. Sie hebt das Selbstwertgefühl einer Person, die das Gefühl für die Schönheit des Menschseins verloren hat, und bringt den Organismus wieder in seinen Rhythmus. Violett ist die Farbe der *Würde* und *Selbstachtung*.

Magentarot
Diese Farbe bringt dem Patienten spirituelle Bewußtheit. Sie sollte nur selten eingesetzt werden und ist normalerweise nur eine Farbe für reifere Menschen. Magentarot ist die Farbe der *Auflösung* und des *Loslassens*.

Wie Sie nun wissen, hat jede Farbe auch eine emotionale und eine geistige Qualität. Dies sollte stets berücksichtigt werden, da psychische Zustände sehr häufig körperliche Symptome bedingen.

Eine Farbe von entscheidender Wichtigkeit, die bisher nicht erwähnt wurde, ist Rosa. Normalerweise wird sie mit Liebe assoziiert, mit Gefühlen überhaupt, und ganz besonders mit Mutterliebe. Rosa hat eine beruhigende Wirkung auf der Gefühlsebene und hilft Menschen, die unter emotionalen Traumata oder unter schwierigen Beziehungen leiden.

Heilen mit farbigen Edelsteinen und Kristallen

Die zweite Methode des Heilens mit Farben und Kristallen besteht in der Verwendung von polierten Edelsteinen. Sie werden von manchen Heilern der ersten Methode mitunter aus dem Grund vorgezogen, weil Edelsteine farblich rein sind, weil ihre Wirksamkeit keinen Schwankungen unterliegt und weil sie die farbigen Lichtstrahlen in ihrem eigenen Inneren konzentrieren.

Eine Theorie, die auf Erfahrungswissen beruht, geht davon aus, daß die Planeten das menschliche Verhalten auf körperlicher, psychischer, emotionaler und spiritueller Ebene beeinflussen, und da Edelsteine jeweils dem Strahl eines Planeten entsprechen, müssen sie folglich auch denselben Einfluß, wenn auch schwächer, auf uns ausüben.

Die wahre Farbe eines Edelsteins kann man nur unter Zuhilfenahme eines Prismas sehen. Beispielsweise erscheinen uns die Strahlen eines Diamanten weiß; durch das Prisma gesehen, sind sie jedoch indigoblau. Das heißt also, Indigoblau und nicht Weiß ist die wahre Farbe des Diamanten.

Die Verwendung von Edelsteinen nach ihren tatsächlichen Farben kann mitunter ein wenig verwirrend sein, da viele von ihnen Heileigenschaften haben, die häufig nichts mit der dem betreffenden Energiezentrum im Körper zugeordneten Farbe zu tun haben.

Wenn ich manchmal einem Patienten das Tragen eines bestimmten Steins empfehle, so kann mein Vorschlag auf der Basis der Steinfarbe oder aber auf der seiner ihm innewohnenden Heileigenschaft erfolgt sein; oft stimmt beides nicht miteinander überein.

Nehmen Sie beispielsweise einige der grünen Steine. Der Smaragd, heißt es, soll den Intellekt und das Gedächtnis verbessern und gegen Schlaflosigkeit helfen. Malachit jedoch wirkt gegen Asthma, Zahnschmerzen und unregelmäßige Periode und verbessert das Sehvermögen. Peridot hilft bei Verdauungs- und Augenbeschwerden; er heilt verletzte Gefühle und kittet Beziehungen, die zu zerbrechen drohen. Jade wird insbesondere bei Nieren- und Blasenleiden eingesetzt. Aventurin nützt angeblich am besten bei Hautkrankheiten und erhöht die Lebenskraft. Aber vielleicht liegt das Problem Ihres Patienten auf einer subtileren Ebene; die hier aufgezählten Symptome sind lediglich der äußere beziehungsweise körperliche Ausdruck eines Ungleichgewichts in der Seele. Also sehen Sie sich Ihren Patienten genau an, und überlegen Sie, warum er ein Nierenleiden oder einen Ausschlag entwickelt hat. Welche psychischen Ursachen liegen dem zugrunde? Wenn Sie beispielsweise die Behandlung mit einem grünen Heilstein ins Auge fassen, dann achten Sie genau darauf, was im Herz-Chakra des Patienten geschieht. Und dann rate ich Ihnen, wie schon mehrmals zuvor, sich auf Ihre Intuition zu verlassen, wenn Sie sich nicht sicher sind.

Das Heilen mit Farben und Kristallen kann für sich allein als Therapie angewendet werden oder aber zusammen mit der Akupunktur.

In den vergangenen Jahren habe ich Vertreter aller Sparten der Naturheilkunde mit Lichtboxen versorgt, und die Zahl der Interessenten wächst stetig. Ein Farb- und Kristalltherapeut erzählte mir einmal, daß er jedesmal, wenn er sich müde und schlapp fühlt, den gelben Filter in seine Lichtbox schiebt und sich fünfzehn Minuten lang durch einen Kristall mit Licht bestrahlen läßt. Diese kurze Behandlung versetzt ihn in die Lage, die halbe Nacht durchzuarbeiten.

Das Heilen mit Farben und Kristallen ist ohne Zweifel eine wirkungsvolle Methode, die Heiler jederzeit und an jedem beliebigen Ort anwenden können, um ihren Patienten Erleichterung zu verschaffen. Auch sie gehört zu den uralten Methoden, die heute wieder zur Geltung kommen.

Heilen mit Farben und Kristallen in Kombination mit Klang

Für eine vollkommene Heilerfahrung sollten Sie Kristalle, Farben und Töne in einer harmonischen Dreiheit zusammenbringen. Alle körperlichen und seelischen Störungen sind auf ein Ungleichgewicht unserer Körperschwingungen zurückzuführen. Wenn es gelingt, mehrere einander ideal unterstützende Heiltechniken – und das ist bei Kristallen, Farben und Klängen der Fall – zu integrieren, dann sollte es, rein theoretisch betrachtet, möglich sein, mehr oder weniger sofortige Heilung herbeizuführen.

Doch sind wir alle den Karmagesetzen unterworfen. Wir müssen also in Betracht ziehen, daß es für manch einen Patienten einfach nicht angebracht oder »richtig« ist, automatisch durch eine einzige Heilsitzung kuriert zu werden.

Farbtherapie und Heilung durch Klänge funktioniert wie das Heilen mit Kristallen ebenfalls auf der Basis von Schwingungen. Deshalb ist die Herstellung von Harmonie im körpereigenen Schwingungsfeld das gemeinsame Ziel dieser drei Therapieformen.

Momentan befassen sich manche Heiler mit der Heilkraft von Farben, andere mit der energetischen Schwingung von Tönen und wieder eine dritte Gruppe, zu der ich gehöre, mit der scheinbar neuen Methode des Heilens mit Kristallen. Ich bin fest davon überzeugt, daß diese Bereiche im Laufe der Zeit miteinander verschmelzen werden.

Durch medial begabte Menschen wissen wir, daß die Heilpriester von Atlantis die Energien von Farben, Tönen und Kristallen bei der Behandlung von Kranken einsetzten. Wir müssen unsere Seelen dazu bringen, annahmebereiter zu werden, nicht nur, damit wir dieses lange verschollene Wissen neu entdecken und begreifen, sondern auch, damit wir diese alten Weisheiten zum Wohle des Menschen einsetzen können.

Vereinfacht gesagt schwingt jedes Chakra auf einer anderen Farbfrequenz:

erstes Chakra (Basis-Chakra)   – Rot
zweites Chakra (Sexual-Chakra)   – Orange
drittes Chakra (Solarplexus-Chakra) – Gelb
viertes Chakra (Herz-Chakra)   – Grün
fünftes Chakra (Kehl-Chakra)   – Blau
sechstes Chakra (Stirn-Chakra)   – Indigoblau
siebtes Chakra (Scheitel-Chakra)   – Violett

Jede Farbe schwingt wiederum auf der folgenden Tonfrequenz:

Rot   – fis
Orange   – b
Gelb   – G-Dur
Grün   – c und e in Kombination
Blau   – dis

Indigoblau – a-moll
Violett   – b, d und g in Kombination

Wenn das Farb- und das Tonsystem in Kombination mit den richtigen Kristallen benutzt werden, dann müßte, wenigstens in der Theorie, sofortige Heilung die Folge sein.

Alle Kristalle innerhalb eines Legemusters sollten zuvor in der Farbe »gebadet« werden, die mit dem Körperbereich beziehungsweise mit dem Chakra in Verbindung gebracht wird, in dessen Umfeld die Erkrankung liegt. Läßt man gleichzeitig den dazugehörigen Ton erklingen, so wird eine vollkommene Harmonie entstehen, die genauestens mit der organischen Struktur des Körpers übereinstimmt.

Manche Forscher beschäftigen sich seit Jahren innerhalb der Komplementärmedizin mit den Auswirkungen der Farbtherapie auf den menschlichen Körper. Dieselben Forscher interessieren sich nun auch für die Heilkraft der Klangtherapie. Der Schritt bis zu einer umfassenden Schwingungstherapie, die auch die Kristallarbeit mit einbezieht, ist nicht mehr groß und wird, da bin ich sicher, in den nächsten Jahren erfolgen.

11.
Edelsteinelixiere

Mein Wissen über Edelsteinelixiere verdanke ich meinem Freund und Kollegen Frank Eastwood.

Bei Edelsteinelixieren handelt es sich um eine flüssige Aufbereitung von Edelsteinen. Sie werden hergestellt, indem man den Stein in eine Schale mit klarem Wasser legt. Dann läßt man die Schale mehrere Stunden lang im Sonnenlicht stehen. Das Wasser, das auf diese Weise durch den Edelstein »aufgeladen« wurde, kann dann gefiltert und durch Hinzugabe von Alkohol konserviert werden.

Für Edelsteinelixiere werden alle Stoffe mineralischen Ursprungs, nicht nur Edelsteine, verwendet. Darin eingeschlossen sind aus Mineralen gewonnene Stoffe, ebenso versteinertes Holz und Bernstein, die beide eher dem Pflanzenreich zuzuordnen sind. So ist beispielsweise eines meiner Edelsteinelixiere aus Bernstein, ein anderes aus Aluminium hergestellt.

Edelsteinelixiere sind sehr hilfreich bei der Behandlung von Problemen, die durch negative Gefühle und Gedanken entstehen. Die zu empfehlende Dosis ist zweimal am Tag einen Monat lang zehn Tropfen. Wenn die Notwendigkeit besteht, so kann die Dosis erhöht werden auf beispielsweise viermal am Tag fünf Tropfen.

Sie können unverdünnt oder aber mit stillem Quellwasser verdünnt und mit etwas Alkohol konserviert eingenommen werden. Normalerweise ist es sinnvoll, das Elixier den ersten Monat unverdünnt einzunehmen und im zweiten zum Beispiel vier Tropfen mit zehn Millilitern Wasser zu mischen. Doch steht die Entscheidung darüber dem Anwender frei. Die Dauer der Behandlung kann mehrere Monate betragen, und Sie werden wahrscheinlich nach Ablauf eines Monats das Elixier wechseln. Normalerweise verbessert sich der Zustand des Patienten bereits im ersten Monat. Haben Sie ihn beispielsweise im ersten Monat mit gutem Erfolg wegen des negativen Aspekts eines emotionalen Problems behandelt, so werden Sie ihm wahrscheinlich im zweiten Monat ein Elixier verordnen, das den positiven Aspekt desselben oder eines anderen Gefühls hervortreten läßt.

Die Schwingungen des Steins werden während der Herstellung des Elixiers auf das Wasser übertragen. Wenn der Patient das Elixier dann zu sich nimmt, werden diese Schwingungen in die Chakras integriert, wodurch vorhandenes Ungleichgewicht behoben werden kann.

Edelsteinelixiere können in Verbindung mit anderen Behandlungsmethoden eingenommen werden, ohne diese zu beeinträchtigen. Jeder Heiler, der bisher noch keine Erfahrungen mit Edelsteinelixieren gemacht hat, wird sich von ihrem Nutzen überzeugen können.

Homöopathen werden feststellen, wie gut sich ihre Methode mit Edelsteinelixieren verbinden läßt. Aber auch nach der Akupunktur kann die Einnahme eines Edelsteinelixiers sinnvoll sein, denn das richtige Elixier wird die Rückkehr der emotionalen Störung verhindern, die die Behandlung durch die Akupunktur notwendig machte. In solchen Fällen werden normalerweise zwei Elixiere eingenommen: eines für den überenergetisierten und eines für den unterenergetisierten Meridian.

Auch bei der Behandlung von aus dem Gleichgewicht geratenen Chakras können Edelsteinelixiere Wunder wirken. In einem solchen Fall sind zwei oder manchmal drei unterschiedliche Elixiere einzunehmen.

Ich habe viele Methoden erprobt, um die Wirksamkeit von Edelsteinelixieren zu überprüfen, darunter Pendeln, Versuche mit Elektroakupunktur, angewandte Kinesiologie und psychologische Tests.

Elektroakupunktur ist eine diagnostische Methode, die mit feinsten elektronischen Instrumenten schwache Ströme im Körper mißt. Das von mir benutzte Gerät macht es möglich, an bestimmten Akupunkturpunkten des Körpers oder des Ohrs zu messen, und kann auch unter Zuhilfenahme von homöopathischen Testampullen Aussagen über den Zustand der Chakras und der feinstofflichen Körper machen. Auf diese Weise läßt sich zudem feststellen, welche Edelsteinelixiere die gewünschten Veränderungen herbeigeführt haben und welche nicht.

Angewandte Kinesiologie ist ein System, das strukturelle, chemische und geistige Aspekte einer Person einschätzt. Dazu verwendet man neben dem gängigen Muskeltest auch andere Diagnosemethoden. Ernährung und Akupressur werden therapeutisch eingesetzt, um das Wohlbefinden wiederherzustellen. Muskeltests helfen bei der Bewertung der potentiellen Wirksamkeit von Edelsteinelixieren.

Meine Beobachtungen haben gezeigt, auf welche Weise Edelsteinelixiere auf die unterschiedlichen Schichten der menschlichen Aura wirken. In der esoterischen Philosophie wird die Ansicht vertreten, daß der Mensch aus mehr Körpern als nur dem physischen besteht:

1. Der physische Körper.

2. Der ätherische Körper. Der Rahmen, in den hinein der physische Körper aufgebaut wird. Er überträgt Energie an den physischen Körper. Im ätherischen Körper enthalten sind sieben Chakras oder Energiezentren, zuzüglich des Milz-Chakras, das einströmende Energie an den physischen Körper weitergibt. Die Chakras könnte man als biophysi-

sche Resonatoren bezeichnen, die die endokrinen Drüsen aktivieren und die Gesundheit des Organsystems aufrecht-erhalten. Die sieben Haupt-Chakras entlang der Wirbel-säule haben Anteil an unterschiedlichen Bewußtseins-ebenen.

3. Der emotionale Körper. Durch ihn erleben wir Freude und Trauer im Leben. Der eiförmige emotionale Körper er-streckt sich etwa fünfundvierzig Zentimeter außerhalb des physischen Körpers. Auch mit ihm sind die sieben Chakras verbunden.

4. Der mentale Körper. Er umfaßt den unteren praktischen Verstand, dessen Logik dem Wissen entstammt, und den höheren abstrakten Verstand, in dem intuitive Gaben vor-herrschen und reine Vernunft angesiedelt ist. Auch mit dem mentalen Körper stehen die sieben Chakras in Verbindung.

5. Die Seele, die ihrerseits wieder aus drei Teilen besteht:
   a) Die Monade, die das Leben des Individuums steuert.
   b) Der atmische Körper, der mit dem Lebenswillen verbun-den ist.
   c) Der buddhische Körper, der die Kommunikation mit uni-verseller Intelligenz ermöglicht.

Es kommt vor, daß ein Chakra überaktiv oder unteraktiv ist. Dies geschieht, weil entweder zuwenig oder zuviel Energie in-nerhalb des betroffenen Chakras vorhanden ist. Über- oder Unterfunktion eines Chakras kann zu Krankheiten führen. Es kommt jedoch auch vor, daß ein Mensch mit über- oder unteraktiven Chakras scheinbar gesund ist, dann wird man jedoch mit hoher Wahrscheinlichkeit entdecken, daß er die negativen Emotionen oder Gedanken lebt, die mit diesem Chakra-Ungleichgewicht verbunden sind. Es kommt sehr selten vor, daß alle Chakras von Über- oder Unterfunktion betroffen sind. Im allgemeinen handelt es sich um zwei oder drei, die ausgeglichen werden müssen.

Wie aber geraten Chakras aus dem Gleichgewicht? Es geschieht durch den falschen Einsatz von emotionaler Energie, durch den falschen Einsatz von Gedankenmustern, durch die Erziehung oder andere Faktoren.

Edelsteinelixiere bieten eine hervorragende Möglichkeit, um Chakras wieder auszugleichen. Jedes Elixier reagiert auf ein Chakra und sein Ungleichgewicht mit seinen besonderen Eigenschaften; Sie sollten also zwei bis drei Elixiere auswählen, um das Chakra zu harmonisieren und in seine normale Funktionsfähigkeit zurückzuführen.

Die Beschreibung meiner fünfzig Edelsteinelixiere finden Sie weiter unten. Sie dienen nur als allgemeine Richtlinien zur Auswahl, ersetzen jedoch nicht die genaue Bestimmung des Akupunkturmeridians oder des jeweiligen Chakra-Ungleichgewichts.

Die größte Schwierigkeit bei der Auswahl der geeigneten Edelsteinelixiere anhand der Tabelle besteht darin, daß ein Patient nur selten zugeben wird, daß er zum Beispiel im Alltag grausam, rachsüchtig und voller Haß reagiert. Doch bei ausreichender Erfahrung ist es möglich, diese Eigenschaften anhand des Ungleichgewichts im Akupunkturmeridian oder im Chakra zu erkennen. Wie wir wissen, sind mit jedem Chakra-Ungleichgewicht besondere psychologische Eigenschaften verbunden.

Indikationen für die Anwendung von Edelsteinelixieren

Achat (mit blauer Bänderung): Bei Haß auf andere und Mißtrauen.

Aluminium: Bei Angst vor dem Ausdruck von Gefühlen.

Amazonit: Bei dem Gefühl sozialer Unzulänglichkeit.

Amethyst: Für jene, die sich mit aller Kraft gegen jeden Versuch zur Wehr setzen, der die Freiheit, eigene Entscheidungen zu treffen und Pläne zu machen, beschneiden könnte.

Aquamarin: Bei übertriebenem Enthusiasmus, bei Angespanntheit, Streß und Erschöpfung.

Aragonit: Um Gefühle der Hilflosigkeit zu überwinden.

Aventurin: Bei geistiger Starrheit, Hochmut, Stolz und Ausgrenzung.

Azurit: Für jene, denen es nicht gelingt, ihr Leben unter Kontrolle zu bringen.

Bernstein: Hilft den Verzweifelten, die irgendeine Form von Erleichterung benötigen.

Beryll: Bei mangelndem Selbstwertgefühl.

Calcit: Bei dem Gefühl emotionaler Eingeengtheit. Gegen die Angst, daß es keinen Sinn haben könnte, neue Ziele zu formulieren.

Chrysokoll: Für jene, die in einer starren Lebensroutine gefangen sind.

Chrysopras: Bei Arroganz und Egoismus.

Dioptas: Für jene, die ihre Gefühle verleugnen.

Dolomit: Für Menschen, denen es an Findigkeit mangelt oder die sich vor Niederlagen fürchten.

Grossular: Bei Angst vor emotionaler Feindseligkeit.

Hämatit: Bei Gefühlen von Wehrlosigkeit.

Heliotrop: Für jene, die stets Zuneigung verlangen, ohne das je zu hinterfragen.

Herkimer Diamant: Gegen die Unfähigkeit, gesteckte Ziele zu erreichen.

Jade: Für jene, die Unterstützung brauchen, um ihre Ideale mehr der Realität anzupassen.

Krokydolith: Für jene, die nur ihre persönlichen Begrenzungen sehen.

Labradorit: Bei Spannungen, die aus der Frustration heraus erwachsen. Für Menschen, deren Beziehungen nur selten ihren Erwartungen entsprechen.

Magnesit: Bei Gefühlsunsicherheit. Gegen die Enttäuschung bei unerfüllten Erwartungen.

Mahagoni-Obsidian: Für Menschen, die eine unrealistische Perfektion in ihrem Sexualleben anstreben.

Malachit: Für jene, die zu sehr danach streben, ihr Leben zu kontrollieren.

Moldawit: Bei Unfähigkeit, Entscheidungen zu treffen, und bei Mangel an Vertrauen.

Mondstein: Für Menschen, die sich von ihrer Umgebung bedroht fühlen. Gegen gedankenlose Geldverschwendung.

Moosachat: Erschließt unterdrückte sexuelle Gefühle.

Nephrit: Für Menschen, die von Details überwältigt und in viele unterschiedliche Richtungen gleichzeitig gezogen werden.

Onyx (schwarz): Für Menschen, die sich nicht mit ihren Gefühlen konfrontieren können. Gegen die Frustration, die ausgelöst wird, wenn sich die Dinge zu langsam entwickeln.

Opal: Bei unterdrückter Spannung aufgrund des Versuchs, allen Reizen zu widerstehen.

Perle: Bei emotionaler Erregung, die mit Furcht zu tun hat.

Perlmutt: Für Menschen, die überängstlich sind und sich vor ihren Mitmenschen fürchten.

Quarz (allgemein): Für den Schutz vor widrigen Außeneinflüssen.

Rauchquarz: Bei Angst, sich mit anderen Menschen auf der Gefühlsebene auseinanderzusetzen.

Rhodochrosit: Bei Erschöpfung, die aus der Frustration heraus entsteht.

Rhodonit: Bei körperlicher Erschöpfung. Bei Angst, kritisiert zu werden.

Rosenquarz: Bei Mangel an Selbstdisziplin oder Angst vor Verantwortung.

Rutilquarz: Für Menschen, die sinnlichen Luxus überbewerten.

Selenit: Bei Schuldgefühlen und Unfähigkeit, die Vergangenheit loszulassen. Für Menschen, die unter ihrer zu großen Phantasie leiden und zu Tagträumen neigen.

Sodalith: Hilft bei der Überwindung des Impulses, unangemessen zu handeln. Bei Wut und dem Bedürfnis nach negativer Aufmerksamkeit.

Staurolith: Für Menschen, die übervorsichtig und voller Zweifel sind.

Thulit: Für jene, die sich einer Situation oder Beziehung verweigern, die sie als entmutigend bewerten.

Tigerauge: Für Menschen, die Angst vor dem Erfolg haben.

Topas: Für Menschen, die einer Entscheidung aus dem Weg gehen, die sie zum Handeln zwingen würde. Bei Verlust von Willensstärke durch die Unfähigkeit, eine Entscheidung zu treffen.

Türkis: Bei Ängsten, die sich bei Dunkelheit verschlimmern. Für jene, die einen Ausweg aus einer problematischen Situation suchen, aber keine Lösung sehen.

Turmalin (grün): Für Menschen, die sich idealistische, doch unerreichbare Ziele setzen und die dann unter der Enttäuschung leiden.

Turmalin (rosa): Bei Mangel an Kreativität, der durch eine unterdrückte Persönlichkeit entsteht.

Turmalin (schwarz): Gegen die Ruhelosigkeit, die aus dem Bedürfnis nach mehr Aktion entsteht.

Wassermelonen-Turmalin: Bei der Tendenz, das, was bisher nur in der Vorstellung existiert, als real anzusehen.

Es folgt nun eine Übersicht zu der bereits weiter oben besprochenen feinstofflichen Anatomie des Menschen, wobei die jeweils wirksamsten Heilmittel beziehungsweise Heilverfahren zugeordnet werden. An dieser Tabelle läßt sich auch in etwa der therapeutische Stellenwert der Edelsteinelixiere ablesen.

Die kursiv hervorgehobenen Heilverfahren kennzeichnen die Behandlungsform, die für den genannten Teil der Aura besonders geeignet ist. So ist beispielsweise die Farbtherapie im Zusammenhang mit dem ätherischen Körper von größter Wirksamkeit, während für den mentalen Körper Edelsteinelixiere ideal sind.

Feinstoffliche Anatomie	Heilmittel/Heilverfahren
Seele	*Blütenessenzen*
Geist	*Homöopathie* (Hochpotenzen)
mentaler Körper und Chakras	*Edelsteinelixiere,* Blütenessenzen
emotionaler Körper und Chakras	*Edelsteinelixiere,* Blütenessenzen
ätherischer Körper und Chakras	*Farben,* Edelsteinelixiere, Blütenessenzen
Akupunkturmeridiane	Kräuter, Homöopathie, Blütenessenzen, Edelsteinelixiere
physischer Körper	Anwendungen, Ernährung, Kräuter, Akupunktur, Homöopathie

Ich hoffe, daß Ihnen diese knappe Einführung in die Edelsteinelixiere gezeigt hat, in welcher Form und für welche Zwecke sie angewendet werden, und in welcher Beziehung sie

zu anderen Heilverfahren stehen. Wenn Sie sich darüber hin-
aus für Edelsteinelixiere interessieren, so wird Ihnen Frank
Eastwood (39 Browns Lane, GB-Coventry, West Midlands
CV5 9DT) gern Ihre Fragen beantworten.

12.
Kristallstirnbänder

Das Kristallstirnband hilft dem Träger, seine intuitiven und telepathischen beziehungsweise seine allgemeinen sensitiven Fähigkeiten zu entwickeln.

Anfangs gerät der Träger mitunter vollkommen in Verwirrung, da das Kristallstirnband es ermöglicht, die Gedanken aller Menschen der Umgebung aufzunehmen. Mit wachsender Erfahrung gelingt es dem Träger jedoch, diese fremden Gedankenströme unter Kontrolle zu halten. Mit dem Kristallstirnband hört Entfernung auf, ein Hindernis zu sein, und Eindrücke und Ideen können nicht nur von Menschen auf der ganzen Erde aufgenommen werden, sondern auch von anderen Wesen aus dem Kosmos.

Es ist relativ leicht, ein Kristallstirnband herzustellen. Es besteht aus einem Kupferband mit einer darauf befestigten Silberscheibe, die ihrerseits wieder einen Bergkristall mit klarer Spitze hält.

Um das Stirnband herzustellen, benötigen Sie die folgenden Werkzeuge:

– eine Draht- oder Kombizange,
– eine schmale Blechschere,
– eine Tube Sekundenkleber,
– eine kleine Metallfeile und
– einen kleinen Bohrer.

An Material brauchen Sie:

- einen Streifen Kupferblech, den Sie zu einem Band zuschneiden und biegen,
- eine etwa dreißig Gramm schwere Silberscheibe oder -münze, die Sie am besten in einem Münzgeschäft erwerben,
- einen Bergkristall, der etwa vier bis fünf Zentimeter lang und ein bis zwei Zentimeter dick ist, und
- zwei schmale Streifen Leder, die etwa dreißig Zentimeter lang und einen halben Zentimeter breit sind.

Als erstes schneiden Sie Ihren Kupferstreifen so zu, daß Sie daraus ein Band formen können. Lassen Sie vorne in der Mitte genug Kupfer übrig, damit Sie aus den Überständen eine Halterung für den Kristall formen können. Um jeder Verletzung vorzubeugen, runden Sie mit der Feile alle scharfen Kanten ab. Vielleicht ist es auch notwendig, die Basis des Kristalls zu bearbeiten, um auch dort alle vorstehenden, scharfen Kanten zu entfernen. Gehen Sie dabei sehr behutsam vor, denn sonst könnten Sie den Stein zerbrechen.

Wenn der Bergkristall vorbereitet ist, legen Sie ihn mit der flachen Seite in die Mitte Ihres Kupferbandes und klemmen ihn zwischen den vorstehenden Kupferenden, die Sie in der Mitte dazu extra haben stehenlassen, fest. Vielleicht müssen Sie das Kupferblech hierzu mehrmals mit der Zange hin- und herbiegen und möglicherweise auch den Stein noch einmal entfernen. Auch dann, wenn Sie das Kupfer so fest wie möglich an den Stein angedrückt haben, werden Sie feststellen, daß noch immer etwas Spiel vorhanden ist.

Im nächsten Schritt schieben sie die Silbermünze zwischen den Kristall und das Kupferblech. Sie sollte zwischen beiden gut und fest sitzen. Ist dies nicht der Fall, müssen Sie noch einmal versuchen, das Kupferblech enger an den Kristall zu biegen. Paßt die Scheibe gut, so verteilen Sie ein paar Tropfen Ihres Sekundenklebers auf dem Kupferblech, der Silberscheibe

und dem Kristall. Das sollte die Einzelteile des Kristall-
stirnbands auf Dauer miteinander verbinden.

Nun wenden Sie sich den beiden Enden des Kupferbandes
zu, deren Kanten Sie ja schon abgefeilt haben, und bohren in
jedes Ende ein kleines Loch, durch das Sie die Lederbänder
schieben. Machen Sie jeweils an einem Ende der Lederbänder
einen Knoten; eine Glasperle oder zwei können hinzugefügt
werden, um sicherzustellen, daß die Bänder nicht aus den
Löchern rutschen. Mit den beiden Lederbändern verschließen
Sie das Kristallstirnband an Ihrem Hinterkopf und können es
so auch Ihrem Kopfumfang gut anpassen.

Nun können Sie Ihr Kristallstirnband ausprobieren.

Suchen Sie sich einen ruhigen Ort, und entspannen Sie sich.
Dann legen Sie Ihr Stirnband so an, daß der Kristall sich in
der Mitte Ihrer Stirn befindet und die Kristallspitze nach oben
weist.

Nach einigen Augenblicken ergreift Sie vielleicht ein unge-
wohntes Gefühl der Desorientierung. Merkwürdige Geräu-
sche und Bilder strömen möglicherweise durch Ihren Kopf.
Mit ein bißchen Erfahrung und Beharrlichkeit werden Sie
jedoch lernen, einzelne Gedanken und Ideen aus der reichen
Geräuschkulisse herauszulösen.

Eine neue und wunderbare Welt erwartet Sie.

13.
Reflexzonenmassage mit Kristallen

Wählen Sie für diese Arbeit einen Bergkristall mit einer etwas abgerundeten Spitze. Dann bitten Sie Ihren Patienten, Socken oder Strümpfe auszuziehen.

Die Reflexzonenmassage mit Kristallen kann durchgeführt werden, während Ihr Patient auf der Massageliege ruht oder in einem bequemen Stuhl sitzt. Wenn Sie sich letzterer Methode bedienen, dann benötigen Sie einen Schemel, auf dem Sie sitzen und den Fuß Ihres Patienten zur Behandlung in Ihren Schoß legen können.

Reflexzonenmassage ist im Prinzip eine Fußmassage. Man geht davon aus, daß im Fuß bestimmte Reflexpunkte vorhanden sind, die in Verbindung zu einzelnen Körperteilen oder Organen stehen. Ein ausgebildeter Reflexzonenmasseur wird mit den Fingern auf diese Reflexpunkte drücken. Steht einer dieser Punkte mit einem erkrankten Organ in Verbindung, so spürt der Behandelnde eine vielleicht erbsengroße Erhöhung unter seinem Finger und der Behandelte bei Druck einen scharfen Schmerz.

In der Reflexzonenmassage mit Kristallen brauchen Sie jedoch nicht ganz so genau zu arbeiten. Sie müssen aber Ihren Bergkristall, den Sie sich für die Heilarbeit vorbehalten haben, darauf programmieren, jedes Ungleichgewicht, das im Körper des Patienten zu entdecken ist, auszugleichen.

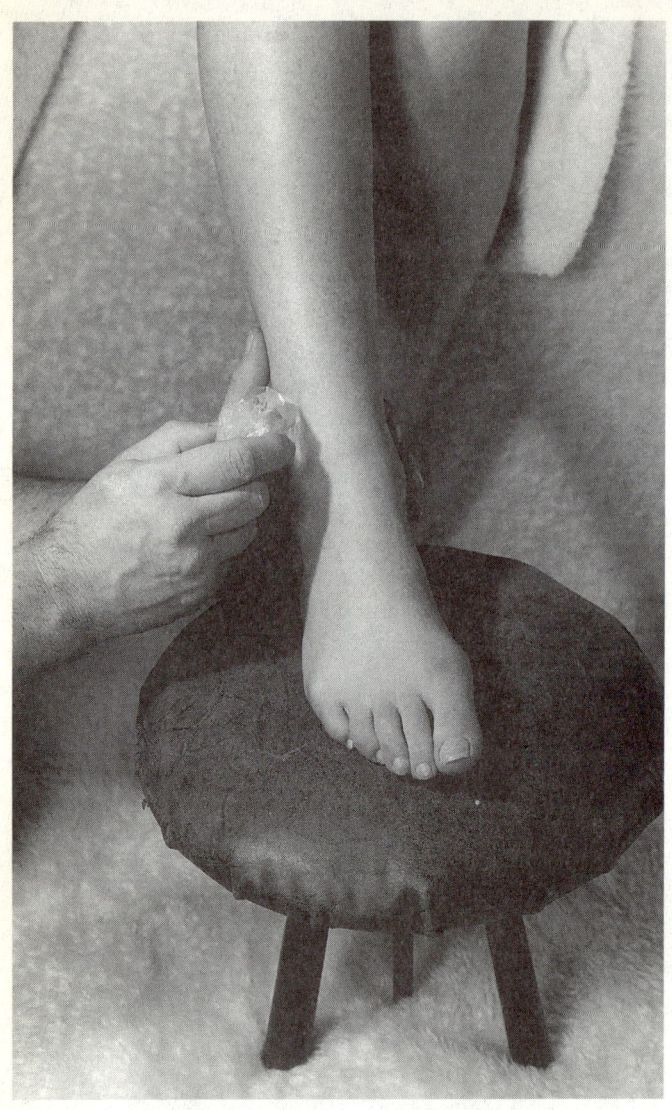

Reflexzonenmassage mit Hilfe eines Kristalls

Indem der Heiler die Spitze des Kristalls auf die Haut aufsetzt, fährt er in einer im Uhrzeigersinn kreisenden Bewegung den Fuß des Patienten entlang, ohne jedoch dabei zu stark aufzudrücken.

Sie beginnen mit der Sohle des linken Fußes und bewegen den Kristall langsam auch zu den Fußseiten und dem Fußrücken hinauf. Berühren Sie die Haut dabei stets nur leicht. Alle Bewegungen sollten langsam und absichtsvoll sein. Achten Sie darauf, daß Sie möglichst mit der gesamten Hautoberfläche des Fußes in Berührung kommen. Den gleichen Vorgang wiederholen Sie dann auch beim rechten Fuß.

Deutet Ihnen Ihr Patient an, daß Sie eine besonders empfindliche Stelle getroffen haben, so halten Sie inne und richten einen Augenblick lang Heilenergie nur auf diese Zone.

Haben Sie die Massage an beiden Füßen abgeschlossen, dann nehmen Sie noch einmal den Bergkristall zur Hand und fahren mit ihm leicht und schnell über die Sohle, den Rücken und das Knöchelgelenk beider Füße.

Ich schlage vor, daß Sie pro Fuß etwa eine halbe Behandlungsstunde veranschlagen, aber wieviel Zeit Sie letztlich investieren, hängt natürlich ganz davon ab, was Sie an den Füßen Ihres Patienten wahrnehmen, wie er reagiert, und was er braucht.

14.
Wissenswertes und Tips zu Kristallen und Edelsteinen

– Der *Amethyst* erfreute sich bei den alten Völkern im Mittelmeerraum stets besonderer Beliebtheit. Wunderschöne aus Amethyst geschnittene Perlen gab es in Ägypten schon zu Zeiten der 1. Dynastie vor rund fünftausend Jahren.

Eine Legende über den Ursprung des Namens »Amethyst« erklärt, warum er mit Bescheidenheit in Verbindung gebracht wird, und paßt zu seiner violetten Farbe. Es heißt, daß Bacchus, der Gott des Weines, betrogen worden war und geschworen hatte, an dem ersten Menschen, der des Weges kommen würde, Rache zu nehmen; er befahl seinen Tigern, ihn zu verschlingen. Das Schicksal wollte es, daß es ein Mädchen namens Amethyst war, das zum Tempel der Diana ging, einer Göttin, der die Tugend der Bescheidenheit zugeordnet wurde. Wie Bacchus es verlangt hatte, attackierten seine Tiger das Mädchen. Es rief die Göttin um Hilfe an, und innerhalb eines Augenblicks verwandelte die Göttin das ihr ergebene Mädchen in eine Statue aus reinem Kristall. Als Bacchus dies sah, bedauerte er seinen Zorn, goß einen Becher Wein über der Statue aus und schuf auf diese Weise den violettfarbenen Stein.

– Nehmen Sie ein Stück *Rosenquarz,* mindestens zehn Kilo schwer, und umwickeln sie es möglichst fest mit einem Kupferdraht, so daß an beiden Enden mindestens fünfzehn Zentimeter überstehen. Legen Sie den Rosenquarz vor sich ab, und ergreifen Sie die Kupferenden mit je einer Hand. Dann entspannen Sie sich. Beruhigen Sie Ihren Geist, und sitzen Sie still. Nach einigen Augenblicken werden Sie ein schwaches Pulsieren in Ihren Händen spüren. Diese Energie wird stetig zunehmen und sehr angenehm und beglückend auf Sie wirken. Sie werden eine Stimmungsaufhellung und wunderbare innere Heiterkeit verspüren.

– Üben Sie eine Stunde lang Yoga, oder meditieren Sie. Dann strecken Sie sich auf Ihrem Rücken aus und legen sich einen *Bergkristall* auf Ihr *Drittes Auge* (Stirn-Chakra). Entspannung wird sich einstellen, und Ihr Geist wird aufnahmebereit. Die feinen Schwingungen des Steins werden für Sie gut spürbar sein. Bitten Sie den Kristall, Ihnen aus seiner tiefsten Wahrheit Antworten auf Ihre Fragen in Ihr Bewußtsein zu schicken. Dann lassen Sie es zu, daß Ihr Geist sich öffnet, um die Antworten zu empfangen, die als Symbole, Bilder, Visionen oder direktes Wissen zu Ihnen kommen können.

– *Kinder* fühlen sich von Bergkristallen besonders angezogen, deren Schönheit sie sehr anzusprechen scheint. Ein Kristall, der in einem Kinderzimmer von der Decke hängt, kann für Ihr Kind zu einer Quelle der Freude und Faszination werden.

– Kristalle und Edelsteine, die Sie während der Nacht unter Ihrem Kopfkissen aufbewahren, können Sie zu *prophetischen Träumen* inspirieren.

– Wenn Sie einen *Quarz* in ein sonniges Fenster hängen, dann wird er wie ein Prisma wirken, Ihren Raum mit strahlenden Spektralfarben füllen und Ihre Umgebung mit Licht und Far-

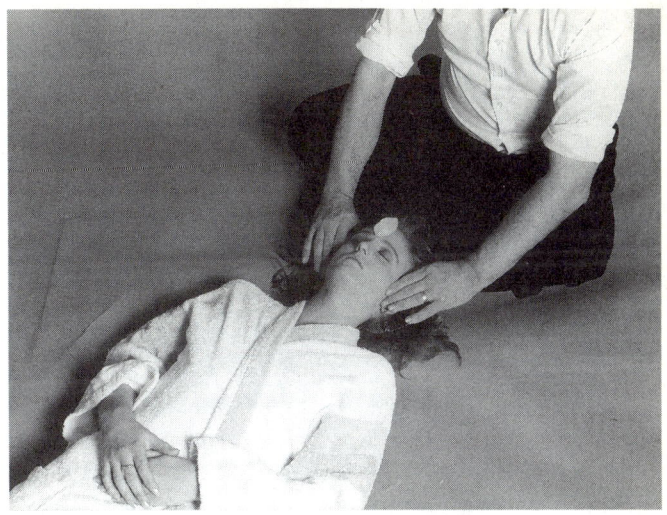

Entspannung mit Hilfe eines Kristalls

ben beleben. Wird der Kristall zusätzlich noch leicht bewegt, was geschieht, wenn er über einer Heizung hängt, so können sich Ihre Augen immer an den bunten Lichteffekten auf Wänden, Decken und Fußböden freuen.

– Quarzkristalle haben viele interessante *Qualitäten,* die über ihre sichtbare Schönheit hinausgehen. Sie können elektrischen Strom produzieren, wenn sie Spannung oder Druck ausgesetzt werden, und sobald sie von einem elektromagnetischen Feld beeinflußt werden, beginnen sie auf einer hohen Frequenz zu schwingen. Aus diesem Grund werden Quarze als Resonatoren und Oszillatoren für die Frequenzkontrolle in der elektronischen Kommunikationstechnik eingesetzt.

– *Granit* hat normalerweise einen Quarzanteil, der zwischen zwanzig und vierzig Prozent liegt.

– *Quarzkristalle* haben die Fähigkeit, elektromagnetische Energie zu übertragen und zu verstärken. Aus diesem Grund wird Quarz in allen Bereichen der Elektronik eingesetzt. Er kann sich jedoch auch Zugang zu den tiefen Bereichen des Selbst verschaffen, beispielsweise zu den Gedanken, der Aura usw., denn auch sie bestehen aus elektromagnetischer Energie. Es ist nicht notwendig, daß Sie die Kraft von Quarzkristallen verstehen oder an sie glauben, damit sie Ihnen helfen. Es ist schon ausreichend, wenn Sie sich Zeit für die Beschäftigung mit Kristallen nehmen. Allein dadurch werden Sie spüren, wie hilfreich Kristalle sind.

Nehmen Sie Ihren Kristall so oft wie möglich in die Hände. Ihr Körper erwärmt den Kristall und stimuliert seine Moleküle, was seine Effektivität vergrößert. Sie können ihn auch in Ihrer Hand- oder Jackentasche bei sich tragen. Manche Menschen legen sich nachts ihren Kristall unter das Kopfkissen oder halten ihn in der Hand. Wenn Sie ihn nicht benutzen, dann lassen Sie ihn in Ihrer Wohnung offen liegen, und er wird für Sie Energie erzeugen.

– Sobald Sie Ihren Kristall einmal für einen besonderen Zweck *programmiert* haben, zum Beispiel für die Meditation, ist es am vorteilhaftesten, wenn Sie ihn auch weiterhin nur dafür verwenden. Sollten Sie jedoch einmal einen Kristall benutzen müssen, den Sie schon für eine andere Aufgabe programmiert haben, dann achten Sie darauf, daß Sie diesen neuen Gedanken auf ihn projizieren, bevor Sie ihn einsetzen, damit er seine ursprüngliche Programmierung zurückstellt. Wenn Sie mit Ihren Kristallen und Edelsteinen arbeiten, ohne daß Ihnen der Grund eingangs wirklich klar ist, dann werden Sie nach einiger Zeit feststellen, daß der Stein Ihnen auf diese Frage fast immer ein korrekte Antwort geben wird.

– Halten Sie die Spitze eines klaren *Bergkristalls* an Ihr Drittes Auge (Stirn-Chakra), und stellen Sie sich vor, daß Sie ruhig, sicher und zuversichtlich sind. Projizieren Sie diese Gedankenform in Ihren Bergkristall, und setzen Sie sich dann ruhig hin, halten Sie Ihren Stein in den Händen und verstärken Sie in Ihrer Vorstellung die positive Realität, die Sie soeben geschaffen haben. Wenn Sie nun eine Antwort auf bestimmte Fragen suchen, dann stellen Sie die Frage im Geist, setzen dann die Spitze Ihres klaren Bergkristalls auf Ihr Drittes Auge und stellen sich die Antwort innerlich vor. Wenn Sie das Bedürfnis haben, einer anderen Person liebevolle Gedanken und Gebete zu schicken, dann setzen Sie Ihren Kristall so auf Ihr Herz-Chakra, daß er von Ihnen wegzeigt, und stellen sich das erwünschte Ergebnis so genau wie möglich vor, indem Sie das Bild durch Ihren Kristall hindurch auf den Empfänger Ihrer Gedanken oder Gebete projizieren.

– Wenn Sie das nächste Mal unter *Grippe* leiden, dann machen Sie das folgende Experiment: Nehmen Sie Ihren persönlichen Kristall, den Sie nur für sich selbst benutzen, in die Hände, und stellen Sie sich vor, wie gelbes Licht ihn durchströmt. Dann legen Sie den Kristall in Wasser und trinken das Wasser am folgenden Tag; nehmen Sie alle zwei Stunden eine Tasse Wasser zu sich. Sie werden über die Resultate erstaunt sein.

– Viele von uns haben Schwierigkeiten mit sehr hartem, also sehr *kalkhaltigem Leitungswasser*. Eine Möglichkeit, damit umzugehen, besteht darin, daß Sie einen Quarz in einen großen Glaskrug legen, ihn mit Wasser auffüllen, ein paar Stunden stehenlassen und dann dieses Wasser statt des normalen Leitungswassers trinken.

– *Shirley MacLaine*, der Filmstar, legt große Bergkristallgruppen auf alle vier Badewannenkanten, wann immer sie ein Bad nimmt oder duscht. Eine großartige Idee, um auf diese Weise Körperpartien zu erreichen, an die man sonst mit einem

Kristallwasser

Kristall nicht kommt. Probieren Sie es doch aus – es ist bestimmt wundervoll!

– Auch dieses Experiment sollten Sie einmal versuchen: Bilden Sie mit Freunden einen *Heilkreis*. Die Person, die die Heilenergie empfangen soll, setzt sich in die Mitte des Kreises. Die übrigen plazieren ihren Kristall vor sich auf dem Boden. Jedes Kreismitglied schickt nun zur gleichen Zeit seine Liebe und Heilkraft durch seinen Bergkristall und weist den Stein an, seine Heilenergie an die Person weiterzugeben, die in der Mitte des Kreises sitzt. Wenn Sie und Ihre Freunde mit dem Heilkreis weiterexperimentieren, werden Sie bald herausfinden, daß jedes Kreismitglied ebenfalls immer mehr Heilenergie empfängt. Sie werden sich besser fühlen und mehr Lebenskraft in sich verspüren.

– Die folgende Heiltechnik empfinde ich bei der Behandlung von *emotionalen* oder *sexuellen Blockaden* als hilfreich: Legen Sie sich mit dem Rücken auf den Boden. Legen Sie einen kleinen Bergkristall auf Ihren Hals, halten Sie in jeder Hand je einen größeren Kristall, plazieren Sie je einen Stein auf Ihrem Herz-Chakra, auf Ihrem Solarplexus und auf jedem Ihrer Oberschenkel. Atmen Sie in gleichmäßigem Rhythmus durch den Mund. Mit dem Einatmen ziehen Sie langsam Energie aus Ihrem Herz in Ihren Hals. Dann, mit dem Ausatmen, leiten Sie die Energie in Ihr Basis-Chakra. Wiederholen Sie dies siebenmal. Wenn diese Technik irgendwelche Gefühlsausbrüche auslöst, dann lassen Sie sie zu: Sie werden damit eine Blockade mehr auflösen.

– Das Trinken von *Kristallwasser* vergrößert Ihr Energiefeld und gleicht es aus. Sie können Ihr eigenes reines Kristallwasser herstellen, indem Sie einen Kristall in einen großen Glaskrug legen und ihn mindestens sechs Stunden lang in die Sonne stellen. Ein Glas Kristallwasser, mit jeder Mahlzeit

Kristall-Legemuster bei der Behandlung von emotionalen und sexuellen Blockaden

eingenommen, dürfte ausreichen. Mehr würde wahrscheinlich zu einer Überstimulierung führen. Auch vor einer Massage, einer osteopathischen Sitzung oder jeder anderen Heilbehandlung hilft ein Glas Kristallwasser Ihnen, Ihre Energien zu integrieren. Das Erhitzen und Kochen von Kristallwasser beeinflußt das Energieniveau. Also bewahren Sie es bei Raumtemperatur auf, und nehmen Sie es nach eigenem Ermessen zusammen mit anderen Heilmitteln.

– *Pflanzen* reagieren sehr schnell auf das Fließen von Kristallenergie. Wenn sie eine kranke oder kränkelnde Pflanze besitzen, können sie das folgende ausprobieren: Nehmen Sie Ihren persönlichen Kristall in die Hand, und programmieren Sie im Geist seine Kräfte darauf, Ihre Pflanze zu heilen. Dann führen Sie die Spitze des Kristalls im Uhrzeigersinn um die Pflanze herum, um ihr Energiefeld zu stärken. Wiederholen Sie dies mehrmals. Nun richten Sie die Energien Ihres Kristalls auf die Wurzeln und stellen sich dabei blauweiße Lichtstrahlen vor, die zu der Pflanze hin ausströmen. Wenn Sie fertig sind – und Sie werden den richtigen Zeitpunkt intuitiv spüren –, dann führen Sie den Kristall noch einmal im Uhrzeigersinn um die Pflanze herum. Diese Behandlung sollte mindestens einmal am Tag wiederholt werden. Beobachten Sie die Ergebnisse dabei sorgfältig. Einmal blieb ich bei einer Familie über Nacht, bevor am Folgetag mein Kristall-Workshop begann. Im Verlauf des Abends demonstrierte ich meine Kristallstab-Techniken an meiner Gastgeberin. In der Ecke, hinter dem Stuhl, auf dem sie saß, stand eine Topfpflanze, die bis knapp unter die Decke reichte. Als ich nach dem Workshop wieder zu Hause war, erhielt ich einen aufgeregten Anruf von meiner Gastgeberin, die mir erzählte, daß ihre Topfpflanze seit meinem Besuch ganze fünfzehn Zentimeter gewachsen sei. Sie schickte mir sogar Fotos als Beweis. Die Pflanze berührte nun die Decke, und ihr sich aus Platzmangel seitwärts gebogener Stamm zeigte deutlich, daß sie ein bedeutendes Stück gewachsen war.

– Wenn Sie einen Chef haben, der Ihnen das Leben schwermacht, oder anhaltende Schwierigkeiten mit einem Kollegen, dann machen Sie sich die Technik des *weißen Schutzkreuzes* zunutze: Nehmen Sie Ihren persönlichen Kristall in die Hände, und stellen Sie sich ein weißes Kreuz über dem Kopf der betreffenden Person, die Sie beeinflussen wollen, vor. Dann schicken Sie dem Höheren Selbst dieser Person liebevolle Gedanken. Für sich wiederholen Sie im Geist die Affirmation: »Du willst mir nicht schaden. Du wirst liebevoller; du bist ein viel zugewandterer Mensch.« Während Sie diese Worte denken und sich das weiße Kreuz über dem Kopf der Person vorstellen, nehmen Sie eine Veränderung in ihrem Gesicht wahr. Wenn sich die Person Ihnen gegenüber bisher sehr unangenehm verhalten hat, so wird sie nun Ruhe geben; wenn sie wütend war, so wird sie nun sanfter reagieren. Das weiße Kreuz beschützt Sie; der Mensch, über dem es schwebt, kann Ihnen nichts antun. Etwas im Innern des anderen Menschen sehnt sich unter dem Einfluß des weißen Kreuzes danach, sanft, freundlich und liebevoll zu sein. Deshalb wird sich die Ausdrucksweise der Person, die Ihnen schaden will, sofort ändern, wann immer Sie sich auf die göttliche Präsenz in diesem Menschen konzentrieren. Sie können diese Technik anwenden, wann immer Sie sich in der Gesellschaft von Menschen befinden, die schlecht über andere Personen und Situationen reden. Sie müssen nur im Geist ein weißes Kreuz über ihren Köpfen erscheinen lassen, und ihr Bewußtsein wird sich ändern. Diese Technik ist besonders dann nützlich, wenn Sie keinen Anteil an diesem negativen Gespräch über Dritte haben wollen, es Ihnen jedoch nicht möglich ist zu gehen.

Wenn Sie Ihren persönlichen Kristall in Händen halten können, während Sie sich das weiße Kreuz über dem Kopf Ihres Gegenübers vorstellen, dann verstärken Sie die Umwandlung von negativen in positive Gedanken.

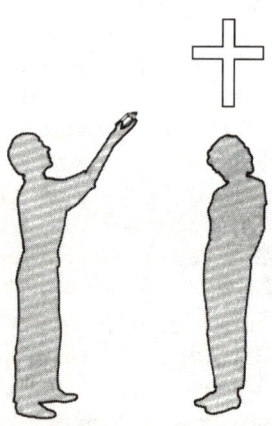

Das weiße Schutzkreuz

15.
Atlantis und die Pyramiden

Der Untergang von Atlantis

Die Tage von Atlantis sind schon lange vergangen, und trotzdem haben uns die Einwohner dieses legendenumwobenen Kontinents offenbar ein Wissen, vor allem über das Heilen mit Kristallen, hinterlassen, das weit über das Verständnis des 20. Jahrhunderts hinausreicht.

Atlantis ist untergegangen, weil kosmische Macht und die Gesetze des Universums zu eigensüchtigen und grausamen Zwecken mißbraucht wurden. Alle Macht, so sagt man, korrumpiert, und genauso muß es auch in den dunkelsten Stunden von Atlantis gewesen sein. Einige wenige Priester, die für den größten atlantischen Generatorkristall zuständig waren, wollten ihre persönliche Macht vergrößern. Sie wollten die Herrschaft über alle Menschen, die in Atlantis lebten; sie taten alles, um sie zu versklaven und zu unterwerfen.

Die Bewohner von Atlantis benutzten Kristalle, um kosmische Energien zu kanalisieren und nutzbar zu machen. Sie hatten diese Technologie so hoch entwickelt, daß Priester und Priesterinnen Kristalle wie Leuchtfeuer einsetzten, um über sie telepathisch mit ihren kosmischen Vorvätern in Verbindung zu treten.

Zum Glück waren jedoch nicht alle Priester in Atlantis korrupt. Manche von ihnen verstanden es, sich ihre Integrität und ihre Weisheit zu bewahren. Diese wenigen wollten ihr Wissen für kommende Generationen retten. Sie wagten es jedoch nicht, ihre Aufzeichnungen in Form von Büchern oder Manuskripten niederzulegen, weil sie befürchten mußten, daß diese beim Untergang von Atlantis zerstört oder möglicherweise in die falschen Hände geraten würden, daß ihr Wissen also zum zweiten Mal mißbraucht werden könnte.

Diese Priester und Priesterinnen programmierten daher spezielle Kristalle, die wir als sogenannte Speicherkristalle oder Laserstäbe kennen. Sie tragen all die Blaupausen und all die wissenschaftliche Technologie, über die die Atlanter verfügten, in sich. Damit wollte die Priesterschaft diese wichtigen Daten und Informationen für zukünftige Generationen retten, für eine Zeit, die »richtig« sein würde, und für die »richtigen« Menschen, denen man ein solches heiliges Wissen wieder anvertrauen konnte.

Dieses heilige Wissen war bisher zum größten Teil unzugänglich. Manche der Speicherkristalle und Laserstäbe sind jedoch schon gefunden worden, und es kann nun nicht mehr lange dauern, bis der »richtige« Moment gekommen ist, um die Geheimnisse des alten Kontinents Atlantis zu enthüllen. Wenn dies tatsächlich geschieht, dann wird die Welt einen Kulturschock erleben.

Schon ist es einigen wenigen gelungen, die Aufzeichnungen, die in diesen Kristallen verborgen sind, zu entschlüsseln. Aber die bisher erlangten Informationen sind nur die Spitze des Eisbergs. Es wird sehr schwer sein, an das gesamte Datenmaterial der Speicherkristalle zu gelangen, aber die Anstrengung wird die Mühe wert sein. Wir alle müssen jedoch persönlich Verantwortung dafür übernehmen, daß unser Planet nicht ein zweites Atlantis erlebt. Wir müssen glaubhaft sicherstellen können, daß das wiedergewonnene heilige Wissen nicht erneut mißbraucht werden kann.

Jene atlantischen Priester, deren Aufgabe es war, die Speicherkristalle und Laserstäbe vor der endgültigen Zerstörung ihres Kontinents zu programmieren, haben vorausgesehen, welche Gefahr darin liegen würde, ihr Wissen den falschen Menschen zugänglich zu machen. Wenn es in die falschen Hände fallen würde, das wußten sie, dann würde dies ein zweites Mal dem Ende aller Zivilisation gleichkommen.

Auch Sie persönlich sollten im Umgang mit Kristallen die Verantwortung dafür übernehmen, Ihr Wissen zum Wohl der Menschen und nicht zum eigenen Nutzen einzusetzen.

Das Bermuda-Dreieck

Das Bermuda-Dreieck liegt mitten im Atlantischen Ozean, in einem Gebiet, in dem einst der Kontinent Atlantis lag. Seit Atlantis in den Fluten versunken ist, sind dort im Laufe der Jahrhunderte viele Dinge auf unerklärliche Weise verschwunden.

Dieses Phänomen steht meiner Meinung nach im Zusammenhang mit der Ansammlung einer großen Menge von Energie durch die beschädigten Feuerkristalle von Atlantis. Jeder dieser Feuerkristalle war mindestens sechs Meter hoch und zweieinhalb Meter breit. Ursprünglich standen wohl immer drei von ihnen zusammen, was eine überwältigende Energiekonzentration bewirkt haben muß. Wenn das Kraftfeld von drei Feuerkristallen stark genug aufgeladen wird, dann vermag alles, was in seinen Einflußbereich gerät, aufgelöst und in reine Energie zerlegt zu werden.

Die Energie dieser Feuerkristalle steht ununterbrochen zur Verfügung, doch nur zu bestimmten Zeiten ist sie stark genug, um tatsächlich zu dematerialisieren. Es wurden viele Theorien dahingehend entwickelt, daß die Flugzeuge und Schiffe, die über dem Bermuda-Dreieck verlorengegangen sind, von einer Art Schwarzem Loch oder von einem Zeittor verschlungen worden sind. Das kann meiner Meinung nach nicht zutreffen. Alles, was in den Einflußbereich dieses Kraftfelds gelangte, wird einfach dematerialisiert!

In wenigen Fällen sind Schiffe, die im Bermuda-Dreieck verschollen waren, später wieder aufgetaucht. Die Mitglieder der Mannschaft schienen jedoch den Verstand verloren zu haben, erzählten Dinge ohne jeden Zusammenhang und unglaubliche Geschichten. Das liegt daran, daß das Energiefeld in den Zeiten, in denen es nicht seine ganze Kraft entfaltet, lediglich verletzt, statt zu zerstören. Seine Wirkung ähnelt dann der Überdosis bei einer Elektroschockbehandlung, die entsprechend auf das Gehirn einwirkt: nicht genug, um einen Menschen zu töten, aber ausreichend, um sein Gehirn zu schädigen und ihn den Verstand verlieren zu lassen.

Was diese Mannschaftsmitglieder von sich gaben, waren Halluzinationen, Ausdruck des nicht in Worte zu fassenden Entsetzens, das ihr Verstand nicht mehr verarbeiten konnte. Kein Wunder, daß sie verrückt wurden.

Der berühmte Seher Edgar Cayce hat in Trance oft davon gesprochen, daß einige seiner Patienten »in einer Zeit in Atlantis gelebt haben, als die radiale Aktivität der Sonnenstrahlen von großem Einfluß war, sich in den Vertiefungen zwischen den Kristallen konzentrierte und so mit den inneren Einflüssen der Erde eine Verbindung herstellte«. Cayce berichtete auch von »Maschinen, die eingesetzt wurden, um Kristallen Energie zu entziehen«, und er erwähnte »jene, welche die Botschaften, die durch den Kristall hereinkamen, interpretierten«. Cayce deutete zudem an, daß es in Atlantis Heiltempel gab, die den in Ägypten errichteten ähnlich waren. In diesen Tempeln wurden Farben und Kristalle nicht nur zu kultischen Zwecken benutzt, sondern auch um zu heilen. Ihr Dach war so konzentrisch gestaltet, daß sich das Sonnenlicht in einem Prisma brach und sieben verschiedenfarbige Lichtinseln schuf, in denen die Kranken in der Farbe gebadet werden konnten, die zur Heilung ihrer Gebrechen notwendig war.

Echnaton, der ketzerische Pharao

Echnaton, bekannt als der ketzerische Pharao der 18. Dynastie, soll angeblich die Reinkarnation des letzten Hohepriesters von Atlantis gewesen sein. Er war gebildet, weise, verständig und besaß eine große Glaubenskraft, die er dem einen Gott verschrieb, dessen reine Schönheit und Würde ihn überwältigte und den Echnaton als die Kraft hinter der Sonne sah.

Mona Rolfe, die irische Seherin, gibt uns in ihrem Buch *Initiation by the Nile* einen wunderbaren Einblick in die Persönlichkeit des Pharaos:

»Für Echnaton war die Sonne das strahlendste Zeichen, und er wollte, daß alle Menschen an seinem Wissen teilhaben sollten. Wenn er eine perfekte Stadt und einen Tempel baute, die von höchster Pracht waren, dann würden, so glaubte er, die Menschen beides als einen Ausdruck der Wahrheit sehen und den Wert seiner Lehren erkennen.

Echnaton war ein Genie, eine große Seele, die ihre Inspirationen direkt von Gott empfing. Für ihn war die Sonne der wunderbarste Anblick, den es gab. Aber er betete nicht die Sonne an, sondern den einen unsichtbaren Gott, dessen Symbol die Sonne war.

Er wurde von der Priesterschaft dafür gehaßt, daß er Veränderungen des Kultes in den Tempeln verlangte. Er erkannte, daß die Vielfalt der Götter notwendig war, daß jeder Gott seinen Platz haben mußte. Aber er wußte, daß über ihnen allen der eine Gott war und daß er mit diesem Gott in der Stille seines Herzens sprechen konnte. Er sagte den Priestern, daß alle Menschen direkt mit Gott Verbindung aufnehmen könnten, und auch das hörten sie nicht gerne; sie wollten sich die Macht nicht aus den Händen nehmen lassen, denn sie hatten durch sie große Reichtümer angehäuft.

In den Menschen, die heute leben, haben sich viele Seelen aus jener Zeit des Echnaton reinkarniert. Durch Studien,

Meditation und Konzentration können wir auch heute noch durch unser altes Gedächtnis zurück zu den Ereignissen gelangen, in denen wir damals verhaftet waren, und indem wir uns erinnern, bringen wir nicht nur ein Wissen ans Licht, das für Archäologen und andere von Bedeutung ist, sondern wir vermögen den Pfad unserer eigenen Seele mit jenem anderer zu verbinden, die an unserer Seite durch die Zeit dieser besonderen Dynastie gingen. Ihr glaubt vielleicht, daß das Grab Echnatons schon gefunden und alles darin schon aufgedeckt ist. Aber das ist nicht der Fall.

Sein Grab liegt noch immer unberührt und ungestört drei Stockwerke unter dem Tempel von Theben. Viele Entdeckungen wird man auf der ersten unterirdischen Ebene des alten Tempels machen, vieles, was den großen Tempel von Atlantis betrifft, wird man auf der zweiten finden, dann, auf der dritten Ebene, werden wir auf diesen gewaltigen und strahlenden Tempel stoßen, in dem Echnatons Körper in Ehrfurcht und Licht aufgebahrt ist.

Obwohl das Grab sehr weit unter dem Meeresspiegel liegt, gibt es dort kein Anzeichen von Feuchtigkeit, Schimmel oder Verwesung. Das Grab selbst besteht aus durchsichtigem Stein, ein Material, das auch im großen Tempel von Atlantis und bei den Heilbetten im alten Persien zum Einsatz gekommen ist. Je nach Lichteinfall sieht der Stein des Grabmals entweder einfarbig oder vielfarbig aus, die Strahlen kommen aus dem ›Ort des Lichts‹, durchdringen und umfassen ihn, versenken ihre Energie im Erdboden, ziehen aus dem Sand ein großartiges Licht und nutzen es zur Herstellung noch weiterer Strahlen, die schließlich jene führen werden, die den Schlüssel zum Grab in Händen halten.

Kein anderer vermag sich dem Grab zu nähern!

Die beiden Sarkophage stehen Seite an Seite nebeneinander; in dem einen liegt die strahlende Gestalt Echnatons und in dem anderen Hareth, seine Frau. Und damit ihr auch wißt, daß es Hareth ist, wenn sie gefunden wird, werdet ihr euch dran erinnern, daß sie um die Stirn einen goldenen Reif trägt, weich und breit, und obwohl er die Haare zurückhält, hinterläßt er keinen Abdruck auf der edlen Stirn. Im Mittelpunkt dieses goldenen Bandes befindet sich ein großer Rubin, der so strahlt, wie ihr noch keinen Rubin habt strahlen sehen. Die Hände sind zart, wohlgepflegt und wunderschön.

Die Körper von Hareth und Echnaton sehen so aus, wie sie es auch im Leben taten – keine Verwesung, kein Welken der Gewebe, kein Nachdunkeln der Hautfarbe, denn die Konservierung dieser Körper ist vollkommen; erst wenn das Tageslicht auf sie fällt, werden sie zu Staub zerfallen. Aber dies wird nicht geschehen, bis der Beweis ihrer Echtheit erbracht ist und bis all jene, die das Recht dazu haben, die Gesichtszüge eines der größten und wichtigsten Könige der Welt gesehen haben, dessen Seele den ›Ort des Lichts‹ verlassen hat und durch viele Inkarnationen hindurch in den Körper eines Prinzen einzog, um als König zu dienen, und schließlich an den ›Ort des Lichts‹ zurückgekehrt ist.

Denn um unsere vergangenen Leben verstehen zu können, müssen wir zu Echnaton beten; er besitzt den Schlüssel. Manchmal wird die Information, die ihr braucht, durch unseren Pförtner an euch weitergegeben oder durch jemanden, dem es gestattet ist, für euch in der Akasha-Chronik zu lesen; doch dies ist nur jenen gestattet, die als Beweis für ihr Recht zu lesen das silberne Ankh in einer besonderen Haltung vor sich ausstrecken; nur jenen wird das Privileg und die Macht zuteil.

Außerhalb des Grabes wird man auf beiden Seiten je eine kleine Kammer entdecken, so klein, daß ein Mann Schwierigkeiten haben würde, in ihnen aufrecht zu stehen; sie sind lediglich Aufbewahrungsorte für die Chroniken.

In der Kammer am Kopfende der beiden Sarkophage wird man ein Manuskript in alter Schrift finden, das das letzte Buch der Genesis entschlüsselt; in der anderen Kammer am Fußende befinden sich Aufzeichnungen in aramäischer Sprache, die gemacht wurden, lange Zeit bevor jemand aus diesem Volk an den Hof nach Ägypten kam.

Diese Schriften bedürfen besonderer Leser. Nur einer oder zwei, die unter der Führung Oneferus geschult worden sind, werden ihren Inhalt verstehen. Nur sie werden den Schriften ihren richtigen Platz in der Genesis und in diesem letzten Buch, das der Offenbarung des Johannes folgen und das Werk, welches ihr die Bibel nennt, beschließen sollte, zuweisen können.

Der Weg zum Grab liegt im Dunkeln verborgen. Man muß den Tempel viele Male durchqueren und vielen Durchgängen folgen, ehe man es erreicht; und die Durchgänge sind übersät von weißen Steinen, die für das Licht des Geistes stehen, Steine, die gerade so groß sind, daß ein Mann sie in seiner Hand halten kann.

Wenn der richtige Mann den Durchgang betritt, so lösen sich die Steine auf, erwacht das Licht, und er geht auf das Grab selbst zu, wo er zum Gottesdienst gerufen wird. Denn Gott in seiner Heiligkeit ist der Führer und die Stärke der Menschheit, der dem Menschen und all seiner Schöpfung die Richtung weist.«

Mehrere andere esoterische Quellen sprechen davon, daß Aufzeichnungen, die detaillierte Informationen über die Technologien von Atlantis enthalten, eines Tages in einem geheimen Raum im Grab des Echnaton gefunden werden.

Genauso oft wird darauf hingewiesen, daß Echnatons Grab und die verborgene Kammer nur von der richtigen Person gefunden werden können.

H. C. Randall-Stevens (El Eros) schreibt in seinem Buch *Atlantis to the Latter Days:*

»Echnaton unterhielt in Theben einen Schrein, den er dem Aton gewidmet hatte. Dieser befand sich fast vollkommen unter der Erde und war von einer Mauer umgeben. Niemandem war der Zugang gestattet, und folglich wurde sein Geheimnis auch nach Echnatons Tod nicht gelüftet. Man betrat den Schrein durch eine Reihe von Geheimtüren, die durch Hebel in Bewegung gesetzt wurden. An diesen Ort brachten seine Anhänger seinen Leichnam, damit er von den Priestern des Amun nicht geschändet würde.

Diese unterirdischen Räume werden wiederentdeckt werden, und es wird wie durch Zufall geschehen, indem einer der geheimen Hebel in Bewegung gesetzt wird.

Echnatons Leichnam wird man zwei Ebenen unterhalb des Eingangs in einem Raum finden, der rund erscheint, in Wahrheit jedoch achteckig ist. In dieser Grabkammer finden sich Inschriften, Gebete und Lieder an Aton, den einen Gott des Lichts und des Lebens.

Der Körper liegt in einem mit Gold verzierten Alabastersarkophag, und neben ihm werden sich die verknöcherten Überreste einer jungen Frau finden. Dies sind die Überreste der Hauptsängerin Hareth, die sich, nachdem sie dem König heimlich einen Sohn geboren hatte, der das Doppelreich später als Tutanchamun regierte, in den Nil geworfen hatte, um Frieden bei Aton zu finden, und bei ihm die Rückkehr ihres Geliebten Echnaton erwarten wollte.«

Wenn man diesen Schriften Glauben schenken darf, dann bewegen wir uns schnell auf den Zeitpunkt zu, zu dem alles aufgedeckt werden soll. Augenblicklich ist Echnaton einer von nur zwei Pharaonen, deren mumifizierte Körper noch nicht gefunden wurden.

Ich bin davon überzeugt, daß die Entdeckung seines Grabes eine noch größere Wirkung auf die Welt haben wird als jene des Tutanchamun-Grabes durch Howard Carter im Jahre 1923.

Die Große Pyramide von Giseh

Seit Tausenden von Jahren sind Gelehrte, Archäologen und Laien von den Pyramiden fasziniert. Eine geheimnisvolle Aura umgibt sie seit jeher.

Aber die alten Ägypter waren nicht die einzigen, die Pyramiden gebaut haben. In Süd- und Mittelamerika zum Beispiel sind ebenfalls eine Reihe von großen Pyramiden entdeckt worden.

Durch medial befähigte Menschen wissen wir, daß Priester, die aus dem zerstörten Atlantis entkommen konnten, schließlich nach Südamerika gelangten und dort die Pyramiden wiederaufbauten, wie sie sie aus Atlantis kannten. Auf dem alten Kontinent Atlantis muß es mehrere große Kristallpyramiden gegeben haben. Sie wurden von der Priesterschaft als Tempel für heilige Rituale benutzt.

Von außen schienen diese Pyramiden massiv zu sein, aber wenn ein Priester in sie hineingelangen wollte, dann legte er seine Hand auf eine bestimmte Stelle, und eine Tür tat sich vor ihm auf. Dieser Eingang war durch eine einzigartige Schwingungsschleuse geschützt, und wenn die Ausstrahlung des Priesters unbekannt war, dann wurde ihm der Eintritt verwehrt.

Als Atlantis niederging, wurden die Priester, denen es erlaubt war zu fliehen, in alle vier Himmelsrichtungen geschickt, und sie brachten ihr Wissen in neue Zivilisationen ein.

Die meisten Pyramiden existieren natürlich in Ägypten. Nach der Auskunft von Historikern und Archäologen beginnt das Zeitalter der Pyramiden in Ägypten mit der 3. Dynastie 2686 v. Chr. In der darauffolgenden Zeit wurden etwa achtzig Pyramiden errichtet. Viele von ihnen sind nicht mehr leicht als solche zu erkennen, da der Zahn der Zeit von ihnen wenig mehr als Sand und Geröll übriggelassen hat, doch die ägyptischen Archäologen haben in Jahren sorgfältiger Forschung und Arbeit herausgefunden, wo die meisten Pyramiden einst gestanden haben.

Im Laufe der Zeit entwickelte sich jedoch eine Kontroverse darüber, welchen Zweck die Pyramiden ursprünglich zu erfüllen hatten. Ägyptologen behaupten, sie seien einfach als Gräber erbaut worden. Archäologen, die an Ausgrabungen in Südamerika beteiligt waren, vertreten die Theorie, daß Pyramiden darüber hinaus auch als Tempel gedient haben müssen. Seit neuestem verbreiten einige Pyramidenforscher die Ansicht, daß sie vielleicht auch Resonanzkörper, eine Art Energiespeicher, gewesen sein könnten. Ohne Zweifel ist das eine Theorie, die mehr und mehr Unterstützung gewinnt.

Die Theorie dieser Pyramidenforscher besagt, daß die von der Erde ausgehenden energetischen Schwingungen, darunter auch die magnetischen Kraftlinien des Erdgitternetzes, zusammen mit der kosmischen Strahlung in der Pyramidenstruktur verschmelzen und eine eigene Frequenz entstehen lassen – ähnlich wie zwei Tasten eines Klaviers, die gleichzeitig angeschlagen werden, einen dritten Ton und damit eine dritte Schwingung produzieren. Und diese neue Frequenz, so behaupten manche Forscher, bewirkt eine energetische Ausstrahlung.

Meine eigenen Vermutungen, die hauptsächlich durch Rückführungen in vergangene Leben untermauert werden, gehen dahin, daß der Hauptzweck der Pyramiden, davon einmal abgesehen, daß sie die toten Pharaonen aufgenommen haben, tatsächlich der von Tempeln für die Priesterschaft war. Ich bin auch davon überzeugt, daß sie auf irgendeine Weise benutzt wurden, um kosmische Energie zu übermitteln und zu speichern.

Max Toth und Greg Nielsen sagen in ihrem Buch *Pyramid Power – Die Kosmische Energie der Pyramiden:* »Es besteht kein Zweifel, daß alle Zivilisationen, die Pyramiden bauten, das nur konnten, weil sie zu hochentwickelten mathematischen und astronomischen Berechnungen fähig waren und eine wahrhaft unglaublich erscheinende Meisterschaft und Geschicklichkeit in der Errichtung steinerner Bauwerke besaßen. In den Zivilisationen, die nicht nur raummäßig viele Tausende von Kilometern, sondern zeitlich auch Hunderte von Jahren voneinander entfernt waren, sind Steinblöcke von vielen Tonnen Gewicht transportiert, hochgehoben und mit unglaublicher Präzision an den betreffenden Stellen der Pyramiden eingefügt worden.«

Die Tatsache, daß bei den ägyptischen Pyramidenbauern Technik und Wissenschaft gleichermaßen gut entwickelt waren, legt den Schluß nahe, daß die Erbauer der Pyramiden darin von Menschen anderer Zivilisationen unterrichtet worden sind.

Wenn dies der Fall war, woher kamen dann die Fremden? Wie sind sie dorthin gelangt? Haben sie ihr Wissen über Astronomie und Mathematik mit dem einzigen Ziel vermittelt, die Pyramiden erbauen zu lassen? Oder gab es ein anderes Motiv dafür, die Menschen der alten Hochkulturen mit diesem Wissen auszustatten?

Bei unserem augenblicklichen Stand der Technik würde selbst der Welt fortschrittlichster Bauunternehmer große Schwierigkeiten haben, heute eine Pyramide zu errichten, die jenen, die vor so langer Zeit entstanden sind, gleichen, geschweige denn sie noch übertreffen würde.

Die größte von allen, und darüber hinaus eine, die noch existiert, ist die Große Pyramide von Giseh. Sie ist auch unter dem Namen Cheopspyramide bekannt – Cheops war der Pharao, der in der 4. Dynastie etwa um 2450 v. Chr. regierte. Die Große Pyramide war einst 146,6 Meter hoch (heute etwa 137 Meter), hat eine Standfläche von 230,38 Metern im Quadrat und ist ein mathematisches Phänomen.

Die Große Pyramide von Giseh war in der Antike das größte der Sieben Weltwunder. Sie besteht aus über 2 500 000 Kalksteinblöcken, von denen jeder zwischen zwei und siebzig

Tonnen wiegt. Diese Blöcke, bei denen man, um nur ein Loch in sie zu bohren, schon den Druck von zwei Tonnen auf einem Diamantschneider benötigt, sind mit einer Toleranz von nur 0,025 Millimetern so exakt zugeschnitten, daß sie zusammenpassen wie ein Puzzle.

Die Pyramide ist auf der mathematischen Basis der Ludolfschen Zahl π 3,14159 erbaut, die das Verhältnis des Kreisumfangs zu seinem Durchmesser angibt. Mathematiker haben errechnet, daß, wenn im Verlauf eines einzigen Arbeitstages zehn Blöcke exakt übereinander aufgestapelt worden wären – immerhin hätte man damit durchschnittlich fünfhundert Tonnen am Tag bewegt –, 250 000 Tage oder 664 Jahre erforderlich gewesen wären, um die Große Pyramide zu errichten. Wir sollten auch im Gedächtnis behalten, daß der Wert der Zahl π, jedenfalls offiziell, erst vor vierhundert Jahren entdeckt worden ist.

Die vier dreieckigen Flächen der Großen Pyramide steigen in einem Winkel von etwas 51 Grad, 51 Minuten und 51 Sekunden von der Standfläche aus gesehen auf. Ursprünglich war die Pyramide exakt auf die geographische Nord-Süd-Achse der Erde ausgerichtet.

Max Toth und Greg Nielsen sagen auch in ihrem Buch: »So groß war das zur Bearbeitung und zum Einbau dieser Granitblöcke erforderliche technische und handwerkliche Geschick der Bauleute, daß die Frage, wie sie das dereinst fertigbrachten, immer noch ein ungelöstes Mysterium ist. Nicht weniger mysteriös ist, wo diese riesigen Blöcke vor der Beisetzung des Pharaos gelagert wurden, oder auch, wenn die Sperrblöcke vor der Bestattung schon an Ort und Stelle waren, wie der Körper des Toten trotz der vorhandenen Blockierungen des Eingangskorridors in die Beisetzungskammer hat gebracht werden können. Viele Theorien sind angeboten worden, um diese offenen Fragen zu beantworten, aber alle sind sie zu unglaubwürdig, als daß sie ernsthaft in Betracht gezogen werden könnten. Bis heute sind die

Sperrblöcke an ihren Plätzen verblieben, ein stummes Zeugnis ablegend für die Genialität des Architekten des Pharaos.«

Der griechische Historiker Herodot, der Ägypten im fünften Jahrhundert v. Chr. besuchte, also fast zweitausend Jahre nach der Zeit, in der die Große Pyramide angeblich erbaut wurde, hat niedergeschrieben, daß sie über eine Zeitspanne von zwanzig Jahren von vierhunderttausend Arbeitern errichtet wurde. Sie waren in vier Gruppen zu je einhunderttausend Arbeitern aufgeteilt, und jede Gruppe arbeitete nicht länger als drei Monate in jedem Jahr an der Errichtung des monumentalen Bauwerks.

Herodot war jedoch weder in der Lage, das logistische Problem zu erklären, wie denn die ägyptischen Beamten diesen einhunderttausend Arbeitern Nahrung, Unterkunft und angemessene Hygienebedingungen zur Verfügung stellen konnten, noch vermochte er irgendeinen Beweis zu erbringen, daß dies überhaupt geschehen war.

Auseinandersetzungen und Kontroversen waren schon immer aufs engste mit der Großen Pyramide von Giseh verbunden und werden es wahrscheinlich auch in Zukunft sein. Denn obwohl die meisten Ägyptologen, Wissenschaftler und Gelehrten darin übereinstimmen, daß die Große Pyramide vom Pharao Cheops in der Zeit zwischen 2686 und 2181 v. Chr. – viele sprechen von 2450 v. Chr. – errichtet wurde, gibt es keinen endgültigen Beweis dafür, daß die Pyramide tatsächlich in diesen Jahren entstand. Die meisten Medien, Sensitiven und Seher sind sich darin einig, daß sie viele tausend Jahre vor 2450 v. Chr. erbaut wurde und anderen Zwecken diente als dem, Begräbnisstätte zu sein.

Edgar Cayce, der zwischen den Jahren 1920 und 1944 viele tausend sogenannter Readings (mediale Botschaften) gab, sagte, daß die Große Pyramide in Wahrheit vor mehr als zehntausend Jahren von Priestern und Priesterinnen aus Atlantis erbaut wurde. Edgar Cayce glaubte, daß er selbst in Atlantis ein Priester namens Ra-Ta gewesen ist und daß er zur Zeit des Untergangs von Atlantis nach Ägypten geschickt worden war, um dort – in der vorgeschichtlichen Zeit Ägyptens – bei der Begründung einer neuen Zivilisation mitzuhelfen.

Meine eigene Erfahrung bei der Rückführung zahlreicher meiner Klienten in alte Zivilisationen veranlassen mich zu der Annahme, daß es in Atlantis eine Reihe von Pyramiden aus Kristall gegeben haben muß und daß die Technologie für die Erbauung der Großen Pyramide in Giseh und aller folgenden ägyptischen wie amerikanischen Pyramiden den Priestern und Priesterinnen aus Atlantis zu verdanken ist, die ihren Kontinent vor seiner endgültigen Zerstörung verlassen konnten. Wenn man das als Tatsache akzeptiert, dann ist es offensichtlich, daß die Große Pyramide von Giseh lange vor der Regierungszeit des Cheops errichtet worden sein muß.

Edgar Cayce sagte weiter, daß die Cheopspyramide nicht nur den Sarkophag des Pharaos in sich barg, sondern ein Ort war, wo frühe Menschheitschroniken aufbewahrt wurden. Es heißt, daß diese Aufzeichnungen in einer Mischung aus Hieroglyphen und atlantischer Schrift gehalten waren.

Eine alte Legende spricht außerdem davon, daß sich unter der Großen Pyramide noch immer Räume befinden, die bisher nicht entdeckt wurden, und daß diese Räume wertvolle Gebrauchsgegenstände und Aufzeichnungen aus einer Zeit enthalten, die schon weit zurückliegt. Wenn sie erst gefunden werden, und ich glaube fest daran, dann werden sie unbestreitbar beweisen, daß die Große Pyramide lange vor der Herrschaft des Cheops erbaut wurde.

Auch in anderen Pyramiden, wie in jener des Pharaos Echnaton, vermutet man esoterische Schriften und Chroniken. Es heißt, daß, wenn die rechte Person mit der rechten Zeit zusammentrifft, die Aufzeichnungen gefunden werden.

Manly P. Hall spricht in seinem Buch *The Secret Teachings of All Ages* ebenfalls davon, daß die Große Pyramide nach der Ankunft von Menschen aus dem zerstörten Atlantis erbaut wurde. Nach seiner Theorie errichteten die überlebenden Atlanter pyramidenförmige Tempel als Zentren der Erziehung und Bildung. In ihnen verbargen sie ihre esoterischen Geheimlehren, die in einer symbolischen Schrift festgehalten und nur jenen zugänglich waren, die dieses heiligen Wissens für würdig befunden wurden.

Hall meint, es liege ein großes mystisches Wissen unter der Großen Pyramide verborgen. Die quadratische Grundfläche, die Basis der Pyramide, stehe für die Natur mit ihren unveränderlichen Gesetzen; die Winkel sollen Stille, Tiefe, Intelligenz und Wahrheit repräsentieren. Die südliche Grundlinie der Pyramide stehe für die Kälte, die nördliche für die Hitze, die westliche für die Dunkelheit und die östliche für das Licht. Die dreieckigen Seiten symbolisieren, so Hall, die dreifache spirituelle Kraft. Hall ist überzeugt davon, daß es innerhalb der Pyramide einen geheimen Raum geben muß, der eines Tages neu entdeckt werden wird.

Viele Menschen haben über Atlantis und seine Auswirkungen auf die Zukunft der Menschheit Vermutungen angestellt. Viele Autoren, darunter auch Edgar Cayce, haben über den ungeheuren Machtmißbrauch in Atlantis berichtet – die Suche nach grenzenloser Macht, die von einigen Priestern angestrebt wurde –, der schließlich zur endgültigen Zerstörung von Atlantis geführt hat.

Es ist wichtig, sich vor Augen zu führen, daß Atlantis weit mehr ist als das Phantasieprodukt einiger Schriftsteller. Es ist nicht nur eine idealistische Erfindung durch die Vorstellungskraft irgendeines Menschen. Atlantis hat tatsächlich existiert. Plato hat Atlantis in seinem Dialog *Kritias* beschrieben, und es war offenbar einst als Poseidonis bekannt. Plato erklärt, daß der höchste Entwicklungsstand der atlantischen Zivilisation erreicht war, als die Götter unter den Menschen wandelten.

Viele mystische und esoterische Lehren berufen sich noch immer darauf, daß das Wissen und die Chronik von Atlantis in einem bisher nicht gefundenen Raum in der Großen Pyramide verborgen sind und daß sich dieser Raum eines Tages den Menschen öffnen wird, die für würdig befunden wurden, an diesem heiligen und spirituellen Gut teilzuhaben.

Es könnte geschehen, daß die Menschen, die schon früher Zugang zu diesem Wissen hatten, sich zum richtigen Zeitpunkt inkarnieren, sich wieder der Pyramide zuwenden und den geheimen Raum betreten.

Da wir die Hauptursache für den Untergang von Atlantis kennen, nämlich die vollkommene Mißachtung der ethischen und moralischen Grundlagen der Naturgesetze durch den Menschen, begreifen wir auch, wie wichtig es ist, daß keine der wiedergefundenen und verstehbaren Aufzeichnungen in die falschen Hände fallen darf. Sonst könnte sich die Geschichte wiederholen.

Die Nacht in der Königskammer

Die Geschichte, die Dr. Paul Brunton in seinem Buch *Geheimnisvolles Ägypten* erzählt, ist es wert, hier wiedergegeben zu werden. Nach langwierigen Verhandlungen mit den ägyptischen Behörden erhielt Brunton die Genehmigung, ohne Begleitung eine Nacht in der Königskammer der Großen Pyramide zuzubringen.

Er wußte einiges über die alte ägyptische Religion und war auch in den jüngeren Entdeckungen der Parapsychologie beschlagen. Er hatte sich daher auf seine Nacht in der Pyramide durch ein dreitägiges Fasten vorbereitet. Dies versetzte seinen Geist in einen aufnahmebereiten Zustand für das, was auch immer sich in der Königskammer abspielen würde.

Mit dem Rücken zu dem großen, genau in Nord-Süd-Achse ausgerichteten Sarkophag sitzend, entschloß sich Brunton, seine Taschenlampe auszuschalten. Obwohl er die Anwesenheit von etwas Negativem und den starken Drang spürte, die Kammer zu verlassen, und obwohl gespenstische Gestalten und Wesenheiten in den Raum hinein- und hinausflatterten und seine Nerven und seinen gesunden Menschenverstand herausforderten, zwang er sich zu bleiben. Er mußte all seinen Mut aufbringen, um seine Ängste zu überwinden. Die Kombination von Dunkelheit und negativen Wesenheiten war nicht dazu angetan, ihn dazu zu verlocken, noch einmal eine Nacht allein in der Großen Pyramide zuzubringen.

Genauso plötzlich, wie die negativen Schwingungen eingesetzt hatten, brachen sie auch wieder ab. Er spürte, wie eine freundlichere Atmosphäre von der Kammer Besitz ergriff. Als nächstes sah er vor sich zwei Gestalten stehen, die beide wie Hohepriester aussahen, und plötzlich hörte er die Stimme des einen von ihnen in seinem Kopf mit der Frage, warum er gekommen sei und ob ihm die irdische Welt nicht genüge. Brunton antwortete darauf mit einem Nein. Der Hohepriester fuhr fort zu sprechen: »Der Weg des Traumes wird dich weit wegführen vom Pfade der Vernunft. Manche sind auf ihm gegangen – und zerstörten Geistes zurückgekommen. Kehre um, solange es noch Zeit ist, und gehe den Weg, den die Füße der Sterblichen zu gehen haben.«

Brunton bestand jedoch darauf, zu bleiben. Der Hohepriester, der bis dahin mit ihm gesprochen hatte, wandte sich ab und verschwand. Der andere bat Brunton, sich auf den Sarkophag zu legen. Mit einem Mal überkam ihn ein Wirbel, und wenige Sekunden später schwebte er über seinem Körper. Er befand sich in einer anderen Dimension. Er sah ein silbernes Band, das seinen neuen Körper mit dem alten, der auf dem Sarkophag lag, verband. Er wurde sich eines Gefühls von Freiheit bewußt.

Später fand sich Brunton in der Gesellschaft des zweiten Hohepriesters wieder, der von ihm verlangte, daß er mit einer Botschaft zurückkehren müsse: »Wisse, mein Sohn, daß in diesem alten Tempel die verlorene Erinnerung an die frühen Menschengeschlechter ruht, und an den Bund, den sie mit ihrem Schöpfer durch den ersten Seiner großen Propheten geschlossen. Wisse außerdem, daß man ausgewählte Männer von alters her hierherbrachte, um ihnen den Bund zu zeigen, damit sie zu ihren Mitmenschen zurückkehren und das große Geheimnis lebendig erhalten sollten. Nimm die Warnung mit dir, daß, wenn Menschen ihren Schöpfer vergessen und ihre Mitmenschen hassen, wie die Fürsten von Atlantis, in deren Zeit die Pyramide erbaut wurde, sie durch das Gewicht ihrer eigenen Bosheit, so wie das Volk der Atlanter, zerstört werden.«

Als der Hohepriester zu Ende gesprochen hatte, merkte Brunton plötzlich, wie er wieder in seinen Körper zurückgezogen wurde. Darauf fiel er in eine tiefe Ohnmacht, aus der er dann erschrocken erwachte. Er stand auf, zog seine Jacke an und blickte auf die Uhr. Es war genau Mitternacht, die Zeit, die traditionell mit außergewöhnlichen Erscheinungen assoziiert wird.

Die biokosmische Energie der Großen Pyramide

Patrick Flanagan, der in Amerika für seinen wissenschaftlichen und schöpferischen Einfallsreichtum bekannt ist, nimmt für sich in Anspruch, ein altes Geheimnis zur Lebensverlängerung gefunden zu haben.

»Der Tod ist eine Folge des Verfalls«, sagt er. »Die Geschichte ist voll von Phänomenen, die durch biokosmische Energie hervorgerufen worden sein könnten. Beispiele sind die ägyptischen Mumien, die biblische Bundeslade und die Geschichte von Methusalem, der 969 Jahre lebte.

Biokosmische Energie ist die Essenz der Lebenskraft. Von der Existenz dieser Energie weiß man, aber bisher war keiner dazu in der Lage, sie zu isolieren. Die Große Pyramide von Giseh, das größte der Sieben Weltwunder, wird der Welt nun endlich doch ihren wahren Sinn offenbaren: Sie ist eine sehr mächtige Quelle biokosmischer Energie.

Das Wort ›Pyramide‹ selbst verrät schon das wichtigste Geheimnis. Es bedeutet nichts anderes als ›Feuer in der Mitte‹.«

Patrick Flanagan meint, daß mit diesem »Feuer in der Mitte« die lang gesuchte biokosmische Energie gemeint ist. Er vertritt weiter die Ansicht, daß die Pyramide nicht nur in ihrem Innern mit Energie angereichert ist, sondern auch an ihrer Spitze und an ihren vier Ecken Energie ausstrahlt. Sie kann ihre Funktion sogar besser erfüllen, wenn die Spitze ein wenig abgeflacht ist, so wie es bei der Großen Pyramide von Giseh der Fall ist.

Es ist schon immer angenommen worden, daß sich auf der flachen Spitze der Pyramiden einst ein Schlußstein aus 24-karätigem Goldquarz befunden haben muß. Dies würde die energetischen Speicherkapazitäten der Pyramiden erheblich gesteigert haben. Leider wurden im Laufe der Zeit all diese machtvollen Schlußsteine mutwillig zerstört oder entfernt.

Vor einigen Jahren besuchte ein Franzose namens Bovis die Große Pyramide von Giseh. In der Königskammer befanden sich einige Müllbehälter, in denen Bovis die toten Körper von Katzen und anderen kleinen Tieren sah, die offenbar in die Pyramide geraten und dort verhungert waren. Diese Leichen hatten etwas sehr Merkwürdiges an sich: Sie strömen keinerlei Verwesungsgeruch aus! Seine Neugier war geweckt, und Bovis untersuchte die Tiere sorgfältig. Er stellte fest, daß sie vollkommen dehydriert und mumifiziert waren, und das trotz der großen Feuchtigkeit in der Königskammer.

Bovis dachte über diese offensichtliche Widersprüchlichkeit nach und kam auf die Idee, daß vielleicht die Gestalt der Pyramide selbst für diesen natürlichen Einbalsamierungsprozeß verantwortlich sei. Also stellte er ein maßstabsgetreues Holzmodell der Großen Pyramide mit einer einen Meter langen Grundlinie her und richtete sie wie ihr Vorbild nach dem geographischen Norden aus.

Im Innern dieser Pyramide befestigte er auf der Höhe des unteren Drittels den Körper einer gerade verendeten Katze. Ein paar Tage später war er mumifiziert. Bovis experimentierte dann noch mit anderen organischen Materialien, die er ebenfalls in die Pyramide legte. Er wählte insbesondere solche, die normalerweise schnell verfallen, wie zum Beispiel Kalbshirn, und als der normale Verwesungsprozeß ausblieb, schloß er, daß es die Form der Pyramide selbst sein muß, die Verfall verhindert und Dehydration bewirkt.

Ein tschechischer Funktechniker namens Karel Drbal erhielt durch Zufall eine Kopie von Bovis' Bericht und entschloß sich, weiterführende Experimente mit Pyramidenmodellen zu machen. Er schlußfolgerte: »Es gibt einen eindeutigen Zusammenhang zwischen der Form des Raumes in der Pyramide und den physikalischen, chemischen und biologischen Prozessen innerhalb dieses Raumes.«

Drbal fragte sich, ob die Pyramidenform nicht auch für die Ansammlung von elektromagnetischen Wellen oder von kosmischen Strahlen oder von einer unbekannten Energieart verantwortlich sein könnte. Er legte eine benutzte Rasierklinge in ein fünfzehn Zentimeter großes Pyramidenmodell, das wie die Cheopspyramide nach dem geographischen Norden ausgerichtet war, und stellte fest, daß die Rasierklinge hinfort ihre Schärfe gleich nach der Rasur wiedergewann und daß er sich mit dieser einen Rasierklinge mehr als zweihundertmal rasieren konnte!

Er glaubte, daß der Raum im Innern der Pyramide auf irgendeine Weise die Atome in der Rasierklinge dazu veranlaßte, sich neu auszurichten. Drbal meldete nach langem Kampf ein Patent mit der Nummer 91304 für seinen Cheopspyramide-Rasierklingenschärfer an.

Eine italienische Molkerei hat damit begonnen, ihre Milch in pyramidenförmige Kartons zu verpacken. Man hatte festgestellt, daß sich Milch auf diese Weise über einen unbegrenzten Zeitraum frisch hält, ohne daß sie gekühlt werden muß. Ein französisches Unternehmen hat ein Patent für einen Joghurtbehälter in Pyramidenform aus demselben Grund angemeldet.

Im März 1963 bestätigten die Biologen der Universität von Oklahoma in den USA, daß die Hautzellen der ägyptischen Prinzessin Mene tatsächlich noch lebensfähig waren. Prinzessin Mene ist seit mehreren tausend Jahren tot!

Die Pyramide als Heil- und Meditationsraum

In dem Raum, den ich für meine Therapiesitzungen benutze, hatte ich lange Zeit eine zweieinhalb Meter hohe Pyramide stehen, in der ich alle meine Heilungen mit Kristallen durchführte. Die Resultate waren außerordentlich ermutigend.

Ein Junge von achteinhalb Jahren wurde von seiner besorgten Mutter zu mir gebracht. Er hatte von Geburt an einen Gehirnschaden und vermochte nur mit Schwierigkeiten zu gehen. Seine gesamte Motorik war fast vollkommen außer Kontrolle, und er konnte überhaupt nicht sprechen.

Ich legte ihn auf meine Behandlungsliege direkt unter der Spitze meiner Pyramide. Ich plazierte einige meiner größten Bergkristalle unter der Liege und nahm meinen Kristallstab in die rechte Hand. Dreißig Minuten lang lenkte ich durch meinen Stab Heilenergie auf den Jungen – er nahm ein wunderschönes Bad im Licht und in der Energie des Kristalls.

Pyramidenmeditation

Am nächsten Tag rief mich die aufgeregte Mutter an, um mir mitzuteilen, daß ihr Sohn seit der Behandlung sehr verändert sei und vor allem besser reagiere. Nach weiteren drei Behandlungen konnte er fast normal gehen, versuchte zu sprechen und schien auch sonst sehr viel ausgeglichener. Er wird vielleicht niemals dazu in der Lage sein, ein normales Leben zu führen, aber die Verbesserung seines Zustands war bemerkenswert.

Da ich selbst sensitiv bin, war ich mir immer sehr stark der energetischen Veränderung bewußt, sobald ich mich in das Innere der Pyramide begab. Das Energiefeld der Pyramide hat einen sofortigen Effekt auf mein Nervensystem und führt dazu, daß ich weniger körpereigene Energie für den Stoffwechsel aufbringen muß. Offenbar hat die Pyramide die

Fähigkeit, die einzigartigen Energien, die sich im Innern der Struktur befinden, zu verstärken, und entfaltet so eine wunderbare Heilkraft.

Pyramiden haben auch eine große Wirkung auf alle Formen der Meditation. Viele Menschen sagen, daß sie, wenn sie sich während der Meditation im Innern der Pyramide aufhalten, Gefühle erleben, die sich von vollkommener Ruhe bis hin zu extremer Euphorie erstrecken.

Ich selbst habe das Gefühl, als würde ich aus meinem Körper hinausgetragen und durch Raum und Zeit schweben. So wunderschön sind diese Erfahrungen, daß ich immer nur sehr unwillig in meinen Körper zurückkehre.

Viele Personen, die mit großen Pyramidenmodellen experimentiert haben, berichten, daß sie zuerst eine vollkommene Entspannung des Körpers erleben, gefolgt von der Ausgrenzung aller störenden Reize und unwesentlichen Gedanken. Schließlich erreichen sie einen veränderten Bewußtseinszustand, der es ihnen gestattet, sich auf die tiefen inneren Ebenen zu konzentrieren.

So viele positive Resultate können durch den Einsatz von Pyramiden erreicht werden. Bisher haben wir nur einen Bruchteil dessen erkannt, was in ihnen steckt. Sie vermögen es, Streß und Anspannung in Ihrem Körper zu reduzieren. Sie ermöglichen es Ihnen, sich mit telepathischer Energie aufzuladen, Erinnerungen, die Sie längst schon verloren glaubten, aus Ihrem Gedächtnis an die Oberfläche zu bringen, vergangene Inkarnationen zu sehen sowie Visionen, Träume, unbeschreiblich schöne Farben, Formen, Symbole oder Sphärenmusik wahrzunehmen. Es gibt Menschen, die durch die Pyramide zu prophetischen Voraussagen befähigt werden, zu interplanetaren Reisen und zur telepathischen Kommunikation; sie erhalten Antwort auf ihre Gebete oder erfahren ganz einfach eine Neubelebung ihres ganzen Seins.

Aufgrund eigener Erfahrungen habe ich herausgefunden, daß die Arbeit mit Kristallen im Innern der Pyramide das Niveau meiner eigenen Heilenergie und Schwingung erheblich erhöht – mit guten Resultaten.

Meine zweieinhalb Meter hohe Pyramide besteht aus Kupferrohren, weil Kupfer Energie außerordentlich gut leitet. Ich lege je eine große Kristalldruse in jede Ecke der Pyramide, um das enorme Energiefeld auszugleichen. Der größere Teil meiner Kristallsitzungen findet auf der Massageliege statt, und meine Pyramide ist so angelegt, daß sich die Arbeitsfläche der Liege etwa auf der Grenze zwischen dem ersten und dem zweiten Drittel der gesamten Pyramidenhöhe befindet. Die Pyramide ist darüber hinaus auch auf den geographischen Norden ausgerichtet.

Obwohl ich, was meine Experimente und Forschungen mit der Pyramidenenergie betrifft, noch am Anfang stehe, so habe ich doch schon erfahren, daß die Kraft der Pyramide in der Tat einmalig ist.

Eine Meditation aus Atlantis

(Diese atlantische Meditation stammt von einer meiner Kristall-Schülerinnen.)

Ich habe noch keinen Namen. Ich sehe mich nackt mit überkreuzten Beinen sitzend, nur mit einem halbmondförmigen Halsschmuck angetan, der aus klaren Bergkristallen besteht, die auf einem Goldband aufgefädelt sind, das in meinem Nacken verknotet ist. Der Halsschmuck bedeckt den oberen Teil meiner Brust bis hinauf zu meinem Hals, und er fühlt sich angenehm kühl auf meiner Haut an. Ich bin allein.

Die große Halle, in der ich mich sehe, ist rechteckig und sehr lang. Sie ist einfach, aber zugleich prächtig dekoriert; gewaltige Halbsäulen gliedern die Wände. Der Raum ist von einem weichen blauen Licht erfüllt; dem Mondlicht nicht unähnlich durchdringt es die Dunkelheit, obwohl es in der Halle weder Fenster noch eine andere Beleuchtung gibt. Jedoch ist unten fast der gesamte Boden offen und gibt den Blick auf das Meer frei. Über die Wände gleiten die Reflexionen der leicht gekräuselten Wasseroberfläche. Sie allein ist die Lichtquelle. Ich bin erfüllt von einem Gefühl tiefen Friedens und der Einheit mit Mutter Meer. Das Mondlicht trägt mich in die Wellen hinein, singt mir von Luna, und wir drei – die Frau, das Meer und der Mond – sind auf ewig miteinander verwoben.

Als ich darüber meditiere, durchbricht eine dunkle Rückenflosse die Oberfläche am hinteren Ende des Beckens und schneidet eine Lichtschneise bis zu mir. Dann erhebt sich vor meinen Füßen ein junger Delphin halb aus dem Wasser, nickend und winkend. Ich nehme seinen glitzernden Kopf zwischen meine Hände, und wortlos kommunizieren wir eine Weile miteinander. Ich bin mir seiner großen Intelligenz bewußt, seines vollkommenen Vertrauens und Verständnisses. Etwas ganz Besonderes geschieht zwischen uns. Er wendet und taucht wieder im Wasser unter, und ich bin an seiner Seite. Wir schwimmen schnell und ohne Anstrengung durch das kristallklare Wasser. Winzige Silbertropfen aus Luft steigen hinter uns hoch, während wir rasch dahingleiten. Obwohl wir uns nicht berühren, scheint es so, als ob wir durch ein unsichtbares Band miteinander verbunden wären, denn wir bewegen uns in vollkommener Harmonie. Wir durchstoßen kurz die Wasseroberfläche, um Luft zu schöpfen, und gleiten dann durch die regenbogenfarbenen Fischschwärme auf den Sandboden des Meeres zu.

Ich bin in dieser Welt zu Hause: Ich fühle so, wie er es tut, sehe, wie er sicht. Ich erfreue mich an meinem Leben und an dem Schöpfer. Ich spüre deutlich die seidige Berührung des Wassers auf meiner Haut, den fast nicht wahrnehmbaren Zug der Gezeiten, die plötzlichen Temperaturveränderungen, wo die Strömungen aufeinanderstoßen. Es gibt nicht eine Kreatur in dieser inneren Welt, die mein Feind ist. Ich höre das Lied anderer Delphine, die alten Sagen und Schlaflieder, die sie für ihre Kinder singen.

Ich höre die donnernde Antwort weit entfernter Wale, die uns brüderlich grüßen. Der Ozean ist erleuchtet von phosphoreszierenden Teilchen; alles glitzert, und Millionen kleiner Lichtpunkte jagen um uns herum.

Wir schwimmen auf diese Weise nur sehr kurze Zeit, so scheint es mir, als sich mein Bruder wieder heimwärts wendet. Wir kommen in dem matten Licht der Halle an die Oberfläche, und bevor ich aus dem Wasser steige, umarme ich ihn mit liebevoller Dankbarkeit und segne ihn, als er davonschwimmt. Ich stehe am Rand des Beckens und blicke ihm nach, bis er aus meinem Sichtfeld verschwunden ist, dann gehe ich am Wasser entlang durch die Halle.

Während ich auf die rückwärtige Wand zugehe, öffnen sich zwei riesige Doppeltüren, und ich werde von einem strahlenden Licht umfangen, das aus dem vor mir liegenden Raum strömt. Als ich weitergehe, bemerke ich, daß ich einen Raum betrete, der riesengroß ist. Hier sind imposante Kristalle aufgebaut und pulsieren in reinstem Licht.

Ich spüre, wie mich eine überwältigende Kraft durchdringt, und einen Augenblick lang nimmt sie mir die Luft zum Atmen. Der Halsschmuck, den ich noch immer trage, schwingt mit den Kristallen mit, und ich fühle mich von einer großen Kristalltafel in diesem Energieraum angezogen.

Ich lege mich auf diese Tafel und stelle fest, daß die Oberfläche so bearbeitet ist, daß mein Körper exakt in ihre Vertiefungen paßt. Indem ich dort liege, sprachlos und überflutet von Liebe, Weisheit und Kraft, sehe ich, daß in jedem der Kristallgiganten ein Wesen aus Licht erschienen ist.

Ihre Ausstrahlung ist so intensiv, daß ich ihre Form kaum erkennen kann. Ich habe keine Angst. Ich spüre, wie sie mich beruhigen und ermutigen, aber mich überkommt ein Zweifel, ob ich überhaupt hier sein darf. Ich fühle mich nackt und beschämt von diesem heiligen Ort. Ich komme mir wie ein Eindringling vor.

Eines der Wesen kommuniziert mit mir: »Zweifle nicht, Suchende. Hab keine Angst. Es ist Zeit.«

Ein anderes fragt mich: »Was suchst du?«

Ich höre mich selbst antworten: »Das Licht hinter dem Licht.«

Es nickt langsam und will dann wissen: »Warum suchst du das?«

»Damit ich es auf die Erde bringen kann, damit es heilt, erleuchtet und alles Leben nährt.«

Wieder nickt das Wesen und bedeutet mir, daß ich mich erheben soll. Ich sehe vor mir einen riesigen Kristall, der einzige, in dem kein strahlendes Wesen enthalten ist.

Das Lichtwesen winkt mich zu diesem Kristall, ich strecke die Hände aus, um seine vollkommene Oberfläche zu berühren, und werde in ihn hineingezogen, in das Herz des Kristalls.

Zum erstenmal sehe ich die anderen klar, und es scheint mir so, als seien es alles vertraute Gesichter. Aber mein Geist wird so sehr von Kristallenergie überschwemmt und von der unglaublichen Kraft, daß ich mir dessen nicht sicher bin.

Von sehr, sehr weit entfernt, so kommt es mir vor, höre ich sie sagen, daß ich von nun an meine Reise zum Licht hinter dem Licht allein machen muß, auch wenn sie mich mit Liebe und Zärtlichkeit begleiten.

An dieser Stelle brach die Meditation ab, jedenfalls dieser erste Teil. Ich spüre, daß sie im Verlauf meines Weges zu meinem endgültigen Ziel noch fortgesetzt wird.

Glossar

Äther: Ein subtiler, alles durchdringender, masseloser Stoff, der der physischen Ebene nahesteht, aber nicht von ihr definiert wird.

Ätherischer Körper: Unser physischer Körper ist in einen Kokon aus Energiestrahlen eingehüllt, der uns in einem Abstand von etwa zehn Zentimetern umgibt. Hellsichtige oder Sensitive »sehen« diesen Körper als blaugrauen Nebel. Diese äußere Hülle enthält die Energie des physischen Körpers. Sie hat die Fähigkeit, jene lebenspendenden Kräfte der Sonne und der Erde aufzunehmen und zu speichern, die unsere Körperstrukturen nähren. Der Zustand des physischen Körpers kann im ätherischen Körper abgelesen werden. Wenn ein Mensch körperlich und spirituell vollkommen gesund ist, dann gibt es keine Brüche und Schwachstellen in der äußeren Hülle. Treten jedoch Harmoniestörungen im physischen oder spirituellen Körper auf, so zeigen sie sich als Risse oder Löcher im ätherischen Körper. Wenn sie unbemerkt bleiben, dann können sich Krankheiten oder Schmerzen im physischen Körper manifestieren.

Akupressur: Ähnelt in ihrer Anwendung der Akupunktur, ist jedoch eine etwas jüngere Methode. Statt des Einstechens von Nadeln wird lediglich mit Druck gearbeitet. Manche Kristallheiler setzen die Spitze ihre Bergkristalls auf den Meridianpunkt und projizieren Heilenergie durch den Stein auf den Körper des Patienten. Die Resultate dieser Behandlung sind sehr gut.

Akupunktur: Sie ist eine alte chinesische Heiltechnik, bei der Nadeln in bestimmte Stellen des Körpers (normalerweise werden sie Akupunktur- oder Meridianpunkte genannt) gestochen werden, um den ungehinderten Energiefluß durch den Körper wiederherzustellen. Die Veränderung des Energieflusses kann Heilung oder Entspannung für die Organe herbeiführen, je nachdem, wo die Nadeln eingestochen wurden. Akupunkteure gibt es mittlerweile fast überall auf der Welt.

Alchimie: Sie ist die Wissenschaft der Umwandlung und Verwandlung, wobei insbesondere versucht wird, mehr Licht in die Materie und in das Bewußtsein zu senken.

Allopathie: Diese in der westlichen Welt am häufigsten praktizierte Form der Medizin behandelt Krankheiten aufgrund ihrer Symptome mit Medikamenten und bei schweren Fällen mit chirurgischen Eingriffen.

Amulett: In der Kristallarbeit bestehen Amulette aus Quarzkristallen, die auf Schutz und persönliche Kraft programmiert sind. Menschen, die auf ihrem spirituellen Weg vorwärtsdrängen und viel experimentieren, werden oft stark von Amuletten angezogen. So baut beispielsweise das Kristallmandala-Amulett, das von Crystal 2000 angeboten wird, ein elektromagnetisches Schutzfeld um seinen Träger auf, das noch in dreißig Meter Entfernung mit dem Pendel lokalisiert werden kann. Es neutralisiert negative Gedankenformen anderer Menschen. Es schützt seinen Träger an Orten, an denen negative Gefühle besonders stark vorherrschen, wie zum Beispiel in Krankenhäusern. Das Amulett stimuliert das Immunsystem und reduziert Streß. Die spirituellen und übersinnlichen Fähigkeiten des Trägers werden verstärkt, und er selbst kann sich auf die natürlichen Kräfte des Universums einschwingen. Amulette sind ein wirkungsvoller Schutz vor emotionalen Angriffen der Menschen in Ihrer Umgebung.

Amun: Zunächst Lokalgott von Theben, seit dem Neuen Reich (1552–1070 v. Chr.) oberster Reichsgott als »König der Götter«, dann auch identisch mit dem Sonnengott Re (daher oft Amun-Re).

Anhänger: Ein Kristall, der hängend an einer Halskette befestigt ist. Die Halskette für den Anhänger sollte aus einem leitenden Metall wie Silber oder Gold oder aus einem anderen natürlichen Material wie Seide, Leder, Baumwolle oder Wolle bestehen. Wenn er über dem Herz-Chakra getragen wird, stimuliert er die Thymusdrüse beziehungsweise das Immunsystem und vergrößert das körpereigene Energiefeld um das Drei- bis Fünffache. Dies ist sowohl mit dem Pendel als auch durch die Kirlianfotografie nachzuweisen.

Ankh: Das altägyptische Henkelkreuz. Es bildete im alten Ägypten häufig den Rahmen für einen Handspiegel. Es galt als Symbol des Lebens, des Wissens und der Fähigkeit, Energien zu lenken.

Aromatherapie: Eine Methode, bei der mit natürlichen ätherischen Ölen in unterschiedlichen Zusammensetzungen und Mischungsverhältnissen für Heilung und Wohlbefinden gesorgt wird.

Astralreise: Eine Reise, die normalerweise während des Schlafs mit dem ätherischen Körper in Welten jenseits der physischen Realität unternommen wird.

Astrologie: Ein altes System der Vorhersage und der Lebensweisheit, das auf dem Stand der Planeten basiert. Das astrologische Bild jedes Individuums wird durch den Zeitpunkt seiner Geburt festgelegt, aber es ist dann, wie die Planeten im Sonnensystem, dem Wandel unterworfen.

Astrophysik: Eine Unterabteilung der Astronomie, die sich mit den chemischen und physikalischen Eigenschaften der Himmelskörper befaßt.

Atlantis: Ein alter Kontinent, der mutmaßlich im Atlantischen Ozean lag. Manche Forscher nehmen an, daß er sich von der amerikanischen Ostküste bis zum heutigen Griechenland erstreckte. Obwohl Atlantis von der Wissenschaft als reine Legende abgetan wird, gibt es doch viele ernstzunehmende Hinweise darauf, daß Atlantis tatsächlich existiert hat und ein blühender Kontinent mit einer in vielem dem 20. Jahrhundert weit überlegenen Technologie war.

Aton: Im alten Ägypten die Bezeichnung der Sonne in ihrer natürlichen Erscheinung. Die Aton-Verehrung beginnt erst im Neuen Reich. Seit Echnaton ist Aton der eine Gott, der keine anderen Götter neben sich duldet. Nach Echnatons Tod ging die Aton-Verehrung wieder zurück.

Aura: Die Kombination aus dem ätherischen und dem spirituellen Körper ergibt das, was wir als menschliche Aura bezeichnen. Nach dem Lexikon ist die Aura eine Art Luft, eine subtile Ausstrahlung oder Qualität, die von einer Person oder einem Objekt ausgeht. Die Kirlianfotografie macht dieses elektromagnetische Energiefeld, das Menschen, Pflanzen, Tiere und andere Materie wie einen Lichtschein umgibt, sichtbar. Es wird davon ausgegangen, daß die menschliche Seele in dieser Aura enthalten ist, und es ist sowohl eine sehr alte als auch weitverbreitete Überzeugung, daß die Aura des Menschen über den physischen Tod hinaus weiterbesteht. Von der Seele beziehungsweise Aura gehen die Farbschwingungen der drei Körper aus. Für hellsichtige Menschen zeigt die Klarheit und Qualität der Farben an, wie es um die körperliche und geistige Gesundheit eines Menschen bestellt ist. Neben der Gesundheit macht die Aura auch Aussagen über vergangene Inkarnationen, zukünftige Ereignisse und spirituelle Führer.

Aura-Scanning: Mit den Händen fährt man in einem gewissen Abstand um den physischen Körper, um die Form und den Zustand des Energiefelds einer Person oder eines Objekts zu ertasten.

Automatisches Schreiben: Dieses Phänomen tritt dann ein, wenn eine sensitiv oder medial veranlagte Person die von einem spirituellen Führer »diktierten« Botschaften beziehungsweise »Durchgaben« niederschreibt. In vielen Fällen registriert der Sensitive dabei nichts vom Inhalt.

Ayurveda: Eine sehr alte naturheilkundliche Methode aus Indien. Im Sanskrit bedeutet Ayurveda »die Wissenschaft des Lebens«.

Bleikristall: Es wird hergestellt, indem man geschmolzenen Sand mit Blei mischt. Bleikristall besitzt keine therapeutischen Heileigenschaften wie Quarzkristall.

Blütenessenzen: Ein Heilsystem, das sich Blütenessenzen in homöopathischen Mengen bedient und die tiefere Ursache einer Krankheit bekämpft. Nach ihrem »Erfinder« Dr. Edward Bach heißen die Essenzen Bach-Blütenessenzen. Dr. Bach war davon überzeugt, daß alle Krankheit aus Störungen des emotionalen oder ätherischen Körpers eines Menschen resultiert.

Cabochon: Ein mit Cabochon- beziehungsweise Mugelschliff versehener Edelstein. Das heißt, seine Oberfläche ist gewölbt geschliffen und auf Hochglanz poliert, aber nicht facettiert.

Channeling: Von einem Sensitiven werden »Durchgaben« empfangen und weitergegeben, die von Geistwesen stammen, die nicht die Erde bewohnen.

Dichte: Das Gewicht eines Minerals in bezug auf das Gewicht des gleichen Volumens Wasser. Wertvolle Edelsteine haben eine größere Dichte.

Divination: Zukunftsschau mit telepathischen Mitteln.

Druse: Hohlraum im Gestein mit Kristallansammlungen an den Wänden.

Edelstein: Mineral oder Mineralaggregat, das sich durch besondere Eigenschaften, wie Härte, Farbe, Glanz oder sonstige Effekte, auszeichnet und deshalb wertvoll ist.

Einendiger Quarzkristall: Natürliche Quarzkristalle gibt es in vielen Größen, Farben und Formen, doch alle haben sechs Seiten und zwei Enden. Das flache Ende ist die Basis, an der der Kristall festgewachsen war. Das andere Ende zeigt eine sechsflächige Spitze. In dieser Spitze ist Energie konzentriert, und hier tritt sie auch aus. Einendige Quarzkristalle werden von vielen Menschen zur Unterstützung der Meditation und als Heilwerkzeug benutzt.

Einschluß: Quarzkristalle wachsen wie die meisten Mineralien unter der Erdoberfläche, im allgemeinen in Lavagestein. Sie enthalten oft Unreinheiten, wie zum Beispiel Kupfer, Turmalin oder Beryll, weil sie denselben Lebensraum teilen. Diese Einschlüsse verändern die Schwingungsenergie der Kristalle.

Elektromagnetismus: Die Gesamtheit der Erscheinungen der Elektrizität und des Magnetismus mit ihren wechselseitigen

Verknüpfungen, durch die ein elektromagnetisches Feld entsteht.

Elementargeister: Sie personifizieren die vier Elemente – Erde, Luft, Feuer und Wasser – und das, was sich aus den Elementen zusammensetzt, wie Steine oder Kristalle. Das Mineralreich wird für das älteste gehalten. Es ist das Fundament allen Lebens und wird als unabhängig von den übrigen Reichen (Pflanzen-, Tier- und Menschenreich) betrachtet.

Energieausgleich: Ein Prozeß, in dem die verschiedenen subtilen und rohen Kräfte innerhalb eines Systems, Individuums oder einer Struktur harmonisiert werden, um einen optimalen Gesundheitszustand auf allen Ebenen des Seins herzustellen.

Erdgitternetz: Unsichtbares Netz von magnetischen Kraftlinien, die die Erde umgeben. Vergleichbar den Akupunkturmeridianen des menschlichen Körpers.

Erdhüterkristalle: Sehr große und schwere Bergkristalle, die unendliches Wissen und unendliche Energie enthalten. Sie sind ganz besondere Steine, von denen in diesem Jahrhundert nur einige wenige gefunden wurden.

Erdung: Ein Prozeß, bei dem eine Person oder ein Gegenstand neu an die Energie der Erde und an die physische Ebene angeschlossen wird.

Feuerkristalle: Sie wurden von Priestern und Wissenschaftlern der Vergangenheit zum Zweck der therapeutischen Behandlung von Körper und Geist benutzt, das heißt, um Energien zu teilen oder zu vermehren. Feuerkristalle beeinflussen auch das ätherische Gitternetz der Erde.

Flüssigkristalle: Eine flüssige Lösung, die sich in einen Kristall verwandelt, wenn das Energieniveau geringfügig verändert wird. Wird in Computerbildschirmen und LCD-Uhren eingesetzt.

Frequenz: Bezeichnet in der Physik die Anzahl der Schwingungen, die in einer vorgegebenen Zeiteinheit gemessen werden. Die übliche Maßeinheit ist Hertz: Anzahl der Schwingungszyklen pro Sekunde.

Generatorkristall: Dabei handelt es sich im allgemeinen um einen besonders großen einendigen Kristall, der etwa fünfzehn Zentimeter lang und zehn Zentimeter breit ist und etwa ein Kilo oder mehr wiegt. Er eignet sich besonders gut für die Gruppenmeditation.

Giseh: Ort am linken Nilufer unweit von Kairo, an dem drei große Pyramiden und eine imposante Sphinx stehen.

Glas: Eine amorphe, durchsichtige Substanz, die nicht aus Kristall besteht, sondern unter Einwirkung großer Hitze aus Sand, Soda und Kalk hergestellt wird.

Grundmasse: Das natürliche Material, in das ein Kristall, Edelstein, Metall oder Fossil eingebettet ist oder woraus er bzw. es sich entwickelt hat. Wird auch Matrix genannt.

Halbedelstein: Frühere, heute nicht mehr zulässige Bezeichnung für Schmucksteine von geringerer Seltenheit als die eigentlichen Edelsteine.

Hellfühlen: Die Befähigung, den körperlichen und psychischen Zustand eines Menschen zu erfassen.

Hellsehen: Die Gabe, Dinge zu »sehen«, die jenseits des normalen Sehbereichs liegen. Hellsichtige können ihre Befähigung dazu einsetzen, um mit unkörperlichen Wesen oder Geistwesen zu kommunizieren und um deren Botschaften an die Menschen weiterzugeben, für die sie bestimmt sind.

Homöopathie: Ein naturheilkundliches System, in dem winzige Mengen natürlicher Substanzen eingesetzt werden, um den Körper des Kranken zur Aktivierung seiner eigenen Abwehrkräfte anzuregen.

Hypnose mit Kristallen: Bestimmte Quarzkristalle können so programmiert werden, daß es einem Patienten, auf dessen Stirn-Chakra die Spitze eines solchen Kristalls gerichtet wird, sehr schwerfällt, die Augen offenzuhalten. Er sinkt langsam in eine tiefe Trance. Personen, die mit Hilfe eines Kristalls hypnotisiert wurden, finden besonders leicht Zugang zu vergangenen Leben.

Kabbala: Ein System jüdischer Theosophie, Mystik und Wunderlehre. Kennzeichnend sind die Vorstellung der Schöpfung als göttliche Emanation und die symbolische, verschlüsselte Welterklärung.

Kinesiologie: Die Lehre von der Mechanik der Körperbewegungen. Der Begriff bezieht sich häufig auf eine Diagnosemethode, bei der die Wirkung einer Substanz oder Therapie auf einen Patienten mit Hilfe eines Muskeltests gemessen wird.

Kirlianfotografie: Dieses Verfahren wurde von Nikola Tesla entdeckt und von Semjon Kirlian, einem Russen, weiterentwickelt. Es ist eine Methode der Fotografie, bei der eine hohe elektrische Spannung und eine niedrige Stromstärke eingesetzt werden, um das Lebensenergiefeld sichtbar zu machen. Mit der Kirlianfotografie kann man beispielsweise gut das Aus-

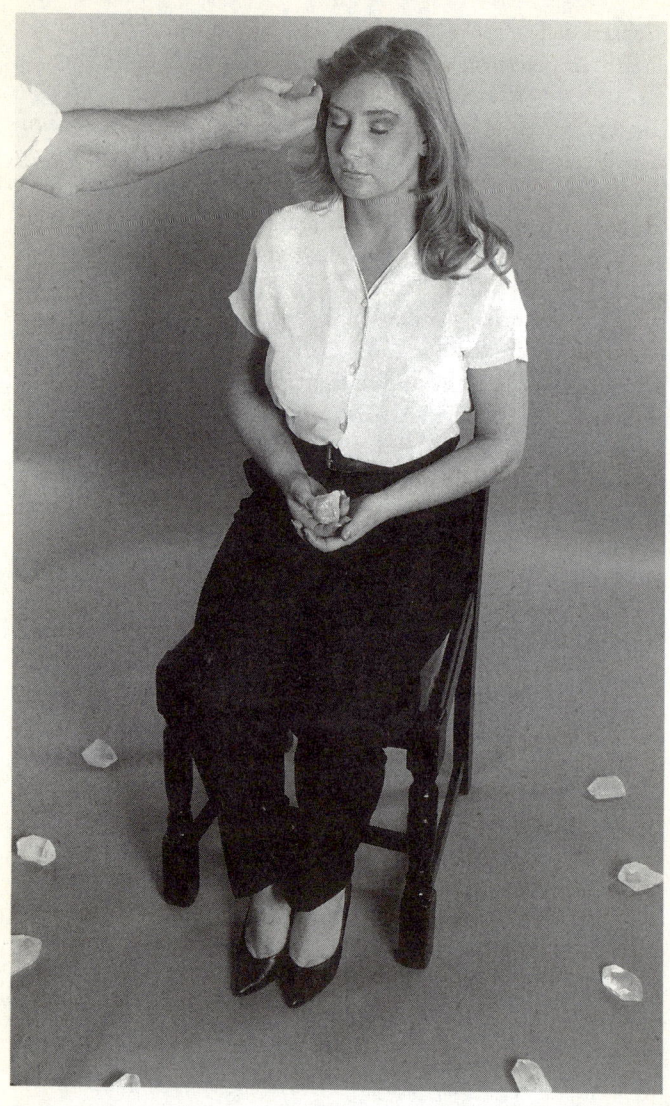

Hypnose mit Hilfe von Kristallen

dehnen der menschlichen Aura nach der Behandlung mit Kristallen nachweisen.

Kristall: Ein Mineral, dessen Bauelemente sich während seines Wachstums, der Kristallisation, aus Schmelzen, Lösungen, Dämpfen oder anderen festen Körpern räumlich-periodisch anlagern, und zwar nach ebenen Flächen, wenn das Wachstum nicht durch die Umgebung behindert wird. Alle Individuen einer Kristallart haben die gleichen Anordnungen der Bauelemente, das gleiche Kristall- oder Raumgitter. Frei gewachsene Kristalle sind daher von ebenen Flächen begrenzt, und für eine jede Kristallart schließen die entsprechenden Flächen stets die gleichen Winkel ein.

Kristalleinstimmung: Eine meditative Technik, mit der eine harmonische Resonanz zwischen Mensch und Kristall hergestellt wird.

Kristallgruppe: Besteht aus vielen einendigen Kristallen, die auf einer gemeinsamen Basis »festgewachsen« sind. Die Energie, die von solch einer Gruppe ausgeht, ist ungleich größer, da viele Einzelkristalle zusammenwirken. Kristallgruppen schaffen eine wunderbare Energie, wenn sie in einem Zimmer aufgestellt werden. Sie erhöhen die Schwingung und hellen die Atmosphäre auf. Einzelkristalle und Edelsteine können gereinigt werden, indem man sie auf eine Kristallgruppe oder -druse legt.

Kristallkugel: Aus Quarzkristallen geschliffene Kugel, die zur Zukunftsdeutung benutzt werden kann.

Kristallographie: Lehre von den Formen und Strukturen der Kristalle.

Kristallpyramide: Ein in Pyramidenform geschliffener Quarzkristall, der zur Unterstützung der Meditation und der Traumarbeit benutzt wird.

Kristallschädel: Dabei handelt es sich um aus großen Quarzkristallen herausgearbeitete Schädel. Sie sind bisher bei mehreren alten Kulturen gefunden worden, vor allem aber in Südamerika, und haben Verbindung zu Atlantis. Es heißt, daß in ihnen viel Energie und Macht enthalten ist. Der berühmteste Kristallschädel ist der Mitchell-Hedges-Schädel in Kanada. Im Völkerkundemuseum in Burlington Gardens, London, ist ebenfalls ein Kristallschädel ausgestellt.

Kristallträume: Herkimer Diamanten und Amethystdrusen eignen sich hervorragend für die Traumarbeit. Halten Sie stets eine Kladde und einen Stift am Bett griffbereit, damit Sie Ihre Träume aufschreiben können, bevor Sie sie wieder vergessen. Mit der Zeit wird es Ihnen immer leichter fallen, sich am Morgen beim Aufwachen an Ihre Träume zu erinnern. Sie können den Traumhergang auch auf Band sprechen. Traumerinnerungen verblassen außergewöhnlich schnell, aber mit ein bißchen Planung können Sie Ihre Traumerfahrungen gleich nach dem Aufwachen festhalten. Viele Botschaften werden uns durch unsere Träume geschickt. Jeder Quarzkristall wird die Qualität Ihres Traums verbessern, aber insbesondere sind dafür die beiden eingangs genannten Herkimer Diamanten und Amethystdrusen sehr zu empfehlen. Es ist nützlich, wenn Sie Ihren Stein zuvor auf »Traumempfang« programmieren. Dann sagen Sie sich jeden Abend vor dem Einschlafen, daß Sie sich an Ihre Träume erinnern werden. Kaufen oder nähen Sie sich ein Säckchen, in dem Sie Ihren Stein unter dem Kopfkissen aufbewahren. Sie schonen damit Ihre Bettwäsche und beugen eventuellen Verletzungen vor, wenn der Kristall sehr scharfe Kanten hat. Außerdem läßt er sich in einem Säckchen auch um den Hals oder in der

Handtasche tragen. Solange Sie Ihren Kristall innerhalb Ihres Energiefelds bei sich haben, wird seine Kraft auf Sie wirken.

Kristallwasser: Wasser, das für mehrere Stunden mit einem beigegebenen Kristall in der Sonne stand. Es nimmt auf diese Weise die Energie des Steins auf.

Kundalini: Der Begriff stammt aus dem indischen Yoga und bezeichnet eine sehr große Energiekonzentration an der Basis der Wirbelsäule beziehungsweise am Basis-Chakra. Bildlich wird die Kundalini als zusammengerollte Schlange dargestellt. Während sich unsere spirituelle Bewußtheit entwickelt, bewegt sich die Kundalini die Wirbelsäule hinauf und öffnet so ein Chakra nach dem anderen.

Lapidar: Ein Edelsteinschneider oder auch Gravierstift.

Laser: Eine Lichtverstärkung, die entsteht, indem einzelne Lichtstrahlen gebündelt werden. Eine Möglichkeit, um außerordentlich klare und geordnete Lichtfrequenzen herzustellen und zu projizieren.

Lebensenergie: Sie ist die formlose, subatomare, uranfängliche Essenz, die die ganze Schöpfung durchdringt. Aus dieser ersten Energie haben sich alle sekundären Energien entwickelt, wie zum Beispiel Gravitation, Elektrizität und Magnetismus. Dieselbe Kraft wird auch als heilige Energie, Bioenergie, Chi, Prana oder Orgon bezeichnet.

Lemurien: Bezeichnung für eine Landmasse, die angeblich in einer frühen Periode der Erdentwicklungsgeschichte an der Stelle des heutigen Indischen Ozeans ungefähr von Madagaskar bis Sumatra und nordwärts bis Indien reichte. Ein Kontinent, der der Legende nach noch vor Atlantis existierte und infolge einer Sintflut 24 000 Jahre vor Atlantis unterging.

Magie: Der Gebrauch von Zeremonien und Ritualen, um Energie zu beeinflussen, ist der Hauptzweck der Magie. Da Kristalle mit Energie gut zusammenwirken, können sie ausgezeichnet in magischen Zeremonien eingesetzt werden. Magie ist ein gefühlsbeladener Begriff, mit dem unverdient viel Schlechtes assoziiert wird.

Magnetismus: Eine Kraft, basierend auf der elektrischen Ladung der Atome, die die Anziehung bzw. Abstoßung der Teilchen bewirkt. Es gibt drei Arten von Magnetismus, die Minerale betreffen:
Diamagnetismus: Die in den Atomen des Minerals umlaufenden Elektronen erfahren durch das äußere Magnetfeld eine zusätzliche Ausrichtung in Feldrichtung.
Ferromagnetismus: Der an den kristallinen Zustand gebundene Magnetismus von Eisen, Nickel, Kobalt sowie einiger Legierungen.
Paramagnetismus: Eine sehr geringe Anziehung, die nur zur Ausrichtung des Körpers innerhalb des Magnetfeldes ausreicht und die alle Stoffe mit atomarem, magnetischem Moment besitzen.

Massagekristall: Meist ein polierter einendiger Kristall. Die Basis ist abgerundet, damit der Stein besser in der Hand liegt. Die Spitze hat zwar noch ihre sechs Facetten, aber die Kanten sind im allgemeinen leicht abgeflacht. Massagekristalle werden zur Massage, im Shiatsu, in der Akupressur, Polarity-Massage und Reflexzonentherapie eingesetzt. Die Spitze wird auf den Bereich, der aus dem Gleichgewicht geraten ist, aufgesetzt und leicht aufgedrückt.

Medium: Eine Person, die mit Wesen in Verbindung treten kann, die jenseits dieser Welt leben. Diese Geistwesen können sowohl Verwandte oder Freunde der Person sein, die den Kontakt zu ihnen sucht, als auch höher entwickelte Seelen, die uns an ihrer Weisheit, an ihrem Bewußtsein und esoterischen Wissen teilhaben lassen wollen. Ein Medium kann solche Botschaften aus der anderen Welt entweder bei vollem Bewußtsein weitergeben oder aber im Zustand der Trance.

Medizin: Ein europäisches Wort für ein jeweils vielgestaltiges System, bestehend aus Philosophie, Heilkunst, Religion, Arbeit mit den Elementen, Divination, Psychologie und Magie. Der Medizinmann ist der spirituelle Führer eines Stammes oder Klans, der die Aufgaben erfüllt, die heute von Ärzten, Priestern, Psychologen, Magiern, Hellsichtigen und Zeremonienmeistern übernommen worden sind.

Medizinrad: Ein meist mit Hilfe von Steinen ausgelegter Kreis, der das Kernstück der Rituale vieler Naturvölker war. Im spirituellen Zusammenhang symbolisiert das Medizinrad den Lebenskreis und alle Lebensenergie, die durch ihn fließt.

Meridian: Eine subtile Linie innerhalb des Körpers, entlang der Energie fließt. Ein Begriff aus der Akupunktur.

Metallurgie: Die Lehre von der Herstellung, Reinigung und den Eigenschaften von Metallen und ihren Legierungen.

Metaphysik: Die auf Aristoteles zurückgehende Lehre von den Gründen und Zusammenhängen des Seins.

Mineralien: Sie sind in sich einheitliche, natürlich entstandene Teile der Erdkruste. Sie besitzen jeweils eine spezifische chemische Zusammensetzung sowie eine charakteristische kristalline Struktur, Farbe und Härte. Es gibt etwa dreitausend bekannte Mineralarten.

Mineralogie: Die Lehre von der Klassifizierung, den unterscheidenden Merkmalen, der Kristallographie und den chemischen wie auch physikalischen Eigenschaften von Mineralien.

Mohshärte: Der Widerstand, den ein Mineral beim Ritzen mit einem scharfkantigen Material diesem entgegenbringt. Auf einer Härteskala von 1 bis 10 werden die Mineralien nach ihrer Härte eingeteilt. So hat beispielsweise Talk die Mohshärte 1, Quarz die Mohshärte 7 und der Diamant die Mohshärte 10.

Nadelkristall: Ein langer, schmaler, perfekt geformter klarer einendiger Kristall, der dazu eingesetzt werden kann, wirkungsvoll Energie zu lenken oder Blockaden im Körper aufzulösen. Ein Nadelkristall ist etwa viermal so lang wie breit.

Naturheilkunde: Ihr liegt das Bestreben zugrunde, die kranke Person in ihrer Ganzheit zu behandeln und sich um die Ursache der Erkrankung mehr zu kümmern als um ihre Symptome. Daraus resultiert ihr Anspruch auf Ganzheitlichkeit. Der Begriff umfaßt alle natürlichen Heilmethoden, von der Kristallarbeit über Massage und Osteopathie bis hin zur Homöopathie.

Phantomquarz: Ein Kristall, in dessen Innerem ein anderer, voll ausgeformter Kristall gewachsen ist.

Piezoelektrizität: Eigenschaft einiger Kristalle, sich bei mechanischer Deformation elektrisch aufzuladen.

Placebo: Ein Scheinmedikament, das eher zur psychischen Erleichterung verschrieben wird als zur Behandlung einer körperlichen Störung. Wird auch in kontrollierten Experimenten eingesetzt.

Polarität: Die dem Menschen zugrundeliegende Eigenschaft, gegensätzliche oder einander widersprechende Kräfte oder Eigenschaften zu entwickeln.

Polierter Quarz: Kristallheiler können sich nicht darüber einigen, ob polierter beziehungsweise geschliffener Quarz mehr Energie und Kraft besitzt als ein natürlicher Quarzkristall. Natürliche Quarzkristalle haben den unübersehbaren Vorteil, daß ihre Schwingung nicht durch eine Bearbeitung beeinflußt wurde. Viele Kristallheiler glauben daher, daß dies die einzige Form ist, in der er benutzt werden sollte. Außerdem sind natürliche Quarzkristalle in der Anschaffung billiger und leichter erhältlich als bearbeitete. Polierte Quarzkristalle haben jedoch auch Vorzüge. Sie sind ästhetischer, da all ihre Spitzen und Facetten intakt und unbeschädigt sind. Sie sind meist klar und nicht mehr so milchig wie natürlicher Quarzkristall, ihre Basis ist glatt, und sie können zu Körpern mit mehr als sechs Facetten geschliffen werden. Marcel Vogel, zunächst wissenschaftlicher Abteilungsleiter bei IBM und dann ein berühmter Kristallheiler, fand heraus, daß die Speicherfähigkeit von Kristallen durch das Schleifen und Polieren noch zunimmt. Auf diese Weise werde der Stein zu einem direkteren Werkzeug für umfassende ätherische Heilung und Gedankenübertragung.

Psychometrie: Eine Methode, um Vorstellungen von einem Menschen zu gewinnen, indem man einen Gegenstand aus seinem Besitz in Händen hält.

Regenbogenkristall: Ein Kristall mit Einschlüssen, die dazu führen, daß man im Innern des Steins ein oder mehrere Spektren sehen kann, wenn der Kristall in ein bestimmtes Licht gehalten wird.

Schamane: Ein ursprünglich aus der tungusischen Sprache stammender Begriff, um einen Medizinmann, eine Medizinfrau oder eine Person mit außergewöhnlichen heilerischen Fähigkeiten zu bezeichnen.

Sexualität und Kristalle: Nach dem Überlebensinstinkt ist der Sexualtrieb die stärkste Kraft, die wir besitzen. Der Sexualtrieb ist ein wichtiger Teil der emotionalen, körperlichen und geistigen Energien. Die Voraussetzung für eine befriedigende und gesunde Sexualität ist eine ausgeglichene, harmonische Einheit aus Körper, Geist und Gefühl. Ihr Quarzkristall kann Sie in dieser Beziehung unterstützen. Wenn es Ihnen gelingt, Ihre Chakras untereinander ins Gleichgewicht zu bringen, dann wird Ihre Sexualität ganz automatisch eine natürliche Funktion erfüllen. Ist Ihr Sexualtrieb wenig ausgeprägt, so wird Ihr Kristall ihn stärken. Ist er überdurchschnittlich stark, dann wird Ihr Kristall Sie darin unterstützen, das richtige Maß zu finden. Der Rosenquarz ist der Stein, der am ehesten emotionales Gleichgewicht schafft und bei Angelegenheiten des Herzens hilft. Citrin wird erfolgreich eingesetzt, um die unteren Chakras, darunter auch das Sexual-Chakra, auszurichten. Rosenquarz, Citrin oder beide zugleich als Anhänger zu tragen wird Sie darin unterstützen, sich ein emotionales Gleichgewicht zu bewahren.

Smudging: Eine Methode zur Reinigung, Erdung und Harmonisierung des Energiefelds beziehungsweise der Aura, bei der Kräuter, meist Salbei, Zeder und Süßgras, verbrannt werden.

Solarplexus: Ein Nervengeflecht, das oberhalb des Magens unter dem Brustkorb sitzt und zum Einsatz kommt, wenn Entscheidungen »aus dem Bauch heraus« getroffen werden.

Spirituelle Körper: Außerhalb des ätherischen Körpers fließen die Energien des emotionalen und des mentalen Körpers, die sich manchmal über mehr als einen Meter ausdehnen können. Diese beiden Schwingungsfelder werden spirituelle Körper genannt. Der *emotionale Körper,* manchmal auch als Astralleib bezeichnet, speichert Gefühle wie Angst, Mut, Freude, Trauer, Liebe und Haß. Gefühle werden durch unterschiedliche Mechanismen in die physische Körperstruktur hinein freigesetzt. Beispielsweise wird der Tod eines nahen Freundes die Reaktion der Trauer hervorrufen. Je stärker dieses Gefühl ist, desto mehr Botschaften werden vom emotionalen an den physischen Körper weitergegeben. Eine entsprechende körperliche Antwort auf das Gefühl der Trauer könnte zum Beispiel Weinen, Zittern oder Übelkeit sein. Den *mentalen Körper* könnte man als die Essenz der aktiven Intelligenz beschreiben. In ihm sind Qualitäten wie Disziplin, Kontrolle und Urteilskraft verankert. Wie beim emotionalen Körper, so kann auch hier fehlende Harmonie zu physischen Symptomen führen. So mag ein Mensch, der sich unmoralisch verhalten und damit gegen seine eigenen Prinzipien verstoßen hat, sein physisches Selbst unbewußt mit einer Krankheit bestrafen. Der mentale Körper sorgt für den Ausgleich zwischen dem ätherischen und dem emotionalen Aspekt, indem er sich aktive Intelligenz, Disziplin, ein gutes Gedächtnis, Urteilskraft und Unterscheidungsfähigkeit zur Bewertung und Verarbeitung von Informationen zunutze macht. Der mentale Körper entscheidet darüber, was und was nicht an die anderen Körper weitergegeben wird.

Synthetischer Kristall: Kristalle können in einem Labor »angepflanzt« und künstlich zum »Wachsen« gebracht werden. Für diesen Vorgang werden nur Tage benötigt, wohingegen ein natürlicher Kristall Tausende von Jahren braucht, um zu entstehen. Der natürliche Kristall nimmt in seiner langen Entstehungszeit die Energie aller Erdveränderungen auf. Dies verleiht dem natürlichen Kristall Fähigkeiten und Informationen, über die der synthetische Kristall nicht verfügen kann. Der synthetische Kristall ist nur eine künstliche Reproduktion. Er besitzt keine Intelligenz, keine Informationen und reagiert nur, wenn er stimuliert wird. Man kann ihn auf den niedrigeren Energieebenen einsetzen, aber nicht auf den höheren. Ein synthetischer Kristall könnte benutzt werden, um der elektrischen Hülle des Körpers Energie zu schicken, aber er wird auf keinen Fall auf der emotionalen oder auf der höheren geistigen Ebene wirksam sein können. In einen Computer eingebaut, verlieren synthetische Kristalle nach einigen Jahren ihre Speicherkapazität. Das kann mit natürlichen Kristallen nicht geschehen.

Tafelförmiger Kristall: Kristallquarze, die vier schmale und zwei sehr breite Flächen haben. Mitunter kommen sie sogar als Doppelender vor. Steine mit dieser Gestalt werden als Brücke benutzt. Sie verbinden uns mit einem viel höher entwickelten Bewußtsein. Sie können auch zwischen die Chakras gelegt werden, um sie untereinander auszugleichen.

Talisman: Oft ein Stein, in den etwas eingraviert ist und der unterstützend bei Ritualen und Zeremonien eingesetzt wird, um einen katalytischen Prozeß einzuleiten oder zu verstärken.

Telepathie: Eine Methode der Kommunikation, bei der Gedanken und Gefühle jenseits der normalen Möglichkeiten übermittelt und empfangen werden.

Traumkristall: Ein Quarzkristall, der darauf programmiert ist, Träume oder veränderte Bewußtseinszustände herbeizuführen.

Varietät: Abart innerhalb einer Mineralart mit typischen Merkmalen. Die chemische und kristalline Grundstruktur bleibt gemäß der normalen Mineralausbildung weitgehend erhalten. Beispielsweise sind Goshenit, Smaragd, Aquamarin, Goldberyll, Heliodor und Morganit allesamt Varietäten des Beryll.

Weiße Kristallmedizin: Eine von vier großen Medizinen, die traditionell von den nordamerikanischen Indianern, die die Kristalle zu den »Gehirnzellen« der Erde zählen, praktiziert wird.

Yoga: Die in Indien entwickelte Praxis geistiger Konzentration, die durch völlige Herrschaft über den Körper den Geist befreien will.

Zentrierung: Der Prozeß, in dem das Energiefeld eines Menschen mit unterschiedlichen Methoden wie Smudging, Atemtechniken oder Meditation ausgeglichen wird. Wird oft gleichbedeutend mit Energieausgleich verwendet.

Zweiendige Quarzkristalle: Hierbei handelt es sich um Kristalle, die an beiden Enden eine Spitze haben, also dipyramidal sind. Sie besitzen einen geschlossenen Energiekreis. An beiden Enden tritt Energie sowohl ein als auch aus. Sie sind besonders in Kristall-Legemustern sehr wirksam.

Zwillingsbildung: Zwei Kristalle von gleicher Art und Form, die miteinander verwachsen sind, nennt man Zwillingsbildung. Je nach ihrer Lage zueinander unterscheidet man Berührungszwillinge und Durchdringungszwillinge.

Bibliographie

Alper, Frank, *Atlantis – Erkenntnisse aus Atlantis. Kristallheilung*, Weilersbach 1991.

Badgley, Laurence, *Chakra Chrome*, Foster City 1984.

ders., *Energy Medicine*, Foster City 1985.

Baer, Randall/Vicki Baer, *The Crystal Connection*, New York 1987.

dies., *The Windows of Light*, New York 1984.

Bailey, Alice, *Eine Abhandlung über Kosmisches Feuer*, Genf 1982.

dies., *Eine Abhandlung über die sieben Strahlen. Band 4: Esoterisches Heilen*, Genf 1988.

Berlitz, Charles, *Das Atlantis-Rätsel*, München 1976.

ders., *Geheimnisse versunkener Welten*, Bergisch Gladbach 1990.

ders., *Spurlos – Neues aus dem Bermuda-Dreieck*, München 1993.

Berlitz, Charles/William L. Moore, *Das Philadelphia-Experiment*, München 1995.

Bhattacharya, Benoytosh, *Gem Therapy*, Calcutta 1981.

Bonewitz, Ra, *The Cosmic Crystal Spiral*, Shaftesbury 1986.

ders., *The Crystal Heart*, Wellingborough 1989.

ders., *Der Kosmos der Kristalle – Vom Umgang mit Mineralien, ihren Energien und Heilwirkungen*, München 1987.

Bramwell, James, *Lost Atlantis*, (Cobden-Sanderson) 1937.

Brennan, Martin, *The Stars and the Stones*, London 1983.

Bridgmann-Metchum, D., *Atlantis – The Book auf the Angels* (Swan Sonnenschein) 1900.

Bryant, Page, *Crystals and Their Uses*, Santa Fe 1984.

Caldecott, Moyra, *Kristall-Legenden – Mythen entschlüsseln den Zauber der Steine*, Saarbrücken 1991.

Cannon, Dolores, *Jesus and the Essenes*, Bath 1992.

Cayce, Edgar, *Das Atlantis-Geheimnis*, München 1990.

ders., *Du weißt, wer du warst – Erkenntnisse über die eigene Wiedergeburt*, München 1991.

ders., *Die Geheimnisse des Bewußtseins – Eine Reise in die unendlichen Dimensionen des menschlichen Geistes*, München 1993.

ders., *Gems and Stones*, Virginia Beach 1979.

ders., *Die tausend Leben deiner Seele – Karma und Reinkarnation,* München 1993.

Chandu, Jack, *The Pendulum Book,* Saffron Walden 1988.

Chocron, Daya S., *Heilen mit Edelsteinen,* München 1992.

Church, Connie, *Crystal Love,* New York 1988.

Churchward, James, *The Children of Mu,* Saffron Walden 1988.

ders., *Cosmic Forces of Mu* (2 Bände), Saffron Walden 1992.

ders., *Mu – der versunkene Kontinent,* Aitrang 1990.

ders., *The Sacred Symbols of Mu,* Saffron Walden 1988.

Clow, Barbara Hand, *The Heart of the Christo,* Santa Fe 1989.

Cottrell, Leonard, *Das Geheimnis der Königsgräber,* München 1989.

ders., *Life Under the Pharaohs,* London 1955.

ders., *Die Schmiede der Zivilisation,* München 1990.

Crow, William B., *Die Magie der Edelsteine,* Basel 1991.

Däniken, Erich von, *Die Augen der Sphinx,* München 1991.

ders., *Beweise,* München 1991.

ders., *Erinnerungen an die Zukunft,* München 1992.

ders., *Der Götter Schock,* München 1993.

ders., *Reise nach Kiribati,* Bergisch Gladbach 1990.

ders., *Die Spuren der Außerirdischen,* München 1992.

ders., *Strategie der Götter,* Bergisch Gladbach 1990.

ders., *Zurück zu den Sternen,* Bergisch Gladbach 1990.

Damigeron, *The Virtues of Stones,* Seattle 1989.

Davidovits, Joseph/Margie Morris, *The Pyramids: An Enigma Solved,* New York 1988.

Davidson, John, *Subtle Energy,* Saffron Walden 1986.

Deaver, Korra, *Die Geheimnisse des Bergkristalls – Eine Anleitung zum Gebrauch seiner magischen Kräfte,* Aitrang 1991.

Donnelly, Ignatius, *Atlantis – The Antediluvian World,* New York 1976.

Edwards, I. E., *Die ägyptischen Pyramiden,* Wiesbaden 1967.

Erman, Adolf, *Die Religion der Ägypter – Ihr Werden und Vergehen in vier Jahrtausenden,* Berlin 1934 (Reprint 1985).

Finch, Elizabeth, *The Psychic Value of Gemstones,* (Esoteric Publications) 1980.

Galanopoulos, A. G./Edward Bacon, *Atlantis – The Truth Behind the Legend,* Indianapolis 1969.

Galde, Phyllis, *Crystal Healing,* St. Paul 1991.

Garvin, Richard, *The Crystal Skull,* New York 1974.

Gerber, Richard, *Vibrational Medicine*, Santa Fe 1988.

Gimbel, Theo, *Form, Sound, Colour and Healing*, Saffron Walden 1987.

ders., *Heilen mit Farbe*, Aarau 1994.

Glick, Joel, *Healing Stoned*, Albuquerque 1981.

Gurudas, *Heilung durch die Schwingungen der Edelsteinelixiere* (2 Bände), Neuhausen 1989/1990.

Haich, Elisabeth, *Einweihung*, Hammelburg 1994.

Harford, Milewski, *The Crystal Sourcebook*, Santa Fe 1987.

Hurtak, J. J., *The Book of Knowledge: The Keys of Enoch*, (Academy of Future Sciences) 1982.

Isaacs, Thelma, *Gemstones and Crystal Energies*, Black Mountain 1989.

dies., *Gemstones, Crystals and Healing*, Black Mountain 1982.

Jameison, Bryan, *Explore Your Past Lives*, (Van Nuys) 1976.

Keyte, Geoffrey, *The Healing Crystal*, London 1989.

Kilner, W. J., *The Aura*, York Beach 1973.

Kunz, George, *The Curious Lore of Precious Stones*, New York 1971.

ders., *Gems and Precious Stones of North America*, New York 1968.

Leadbeater, Charles W., *Die Chakras*, Freiburg 1994.

Lehner, Mark, *The Egyptian Heritage*, Virginia Beach 1974.

Littlefield, Charles, *Man, Minerals and Masters*, Santa Fe 1987.

Markham, Ursula, *Fortune Telling by Crystals*, Wellingborough 1987.

dies., *Universelle Kräfte von Edelsteinen und Kristallen*, München 1993.

Mavor, James, *Voyage to Atlantis*, New York 1969.

Mitchell, John, *The New View Over Atlantis*, London 1983.

ders., *Secrets of the Stones*, London 1977.

ders., *The View Over Atlantis*, Tunbridge Wells 1975.

Mitchell-Hedges, F. A., *Danger My Ally*, London 1954.

Neubert, Otto, *Tut-Ench-Amun – Gott in goldenen Särgen*, Wien 1977.

Nielsen, Greg/Joseph Polansky, *Die Magie des Pendels*, München 1990.

Nyssa, Gregory, *The Life of Moses*, New York 1978.

Oldfield, Harry/Roger Coghill, *The Dark Side of the Brain*, Shaftesbury 1988.

Ozeaniec, Naomi, *Die Chakras*, Braunschweig 1994.

Palmer, Magda, *Die verborgene Kraft der Kristalle und der Edelsteine*, München 1994.

Randall-Stevens, H. C. (El Eros), *Atlantis to the Latter Days*, Jersey 1981.

Raphaell, Katrina, *Heilen mit Kristallen – Die therapeutische Anwendung von Kristallen und Edelsteinen*, München 1992.

dies., *Wissende Kristalle – Für unsere spirituelle Entwicklung zur Heilung und Harmonisierung des Alltags*, Interlaken 1990.

Rea, John, *Healing and Quartz Crystals*, Boulder 1986.

Redfort, Donald, *Akhenaten: The Heretic King*, Princeton 1987.

ders., *The Akhenaten Temple Project*, Warminster 1976.

Rolfe, Mona, *Initiation by the Nile*, Saffron Walden 1976.

Samson, Julia, *Amarna: City of Akhenaten and Nefertiti*, Warminster 1978.

Scott-Elliot, W., *Atlantis nach okkulten Quellen – Eine geographische, historische und ethnologische Skizze*, Zürich 1978.

ders., *Legends of Atlantis and Lost Lemuria*, Wheaton 1990.

Scrutton, Robert, *The Message of the Masters*, London 1982.

Simmons, Robert/Kathy Warner, *Moldavite – Starborn Stone of Transformation*, (Heaven and Earth Books) 1988.

Smith, Michael, *Crystal Power*, Slough 1985.

Spence, Lewis, *Atlantis Discovered*, Omskirk 1974.

ders., *The History and Origins of Druidism*, (William Rider) 1942.

ders., *Myths of Babylonia and Assyria*, (George Garrap) 1916.

ders., *Myths and Legends of Ancient Egypt*, New York 1911.

ders., *The Occult Sciences in Atlantis*, (William Rider) 1978.

Stearn, Jess, *Der schlafende Prophet – Prophezeiungen in Trance (1911–1989)*, München 1992.

Steiner, Rudolf, *Aus der Akasha-Chronik*, Dornach 1990.

Székely, Edmond Bordeaux, *Das Evangelium der Essener* (4 Bände), Südergellersen 1994.

ders., *Heliand – Das Evangelium des vollkommenen Lebens*, Hammelburg 1994.

ders., *Die Lehren der Essener »Essener-Meditationen« – Praktische Anleitungen zu den Essener-Schriftrollen vom Toten Meer*, Südergellersen 1988.

Tansley, David, Auren, *Chakren und die Strahlen des Lebens*, Essen 1994.

ders., *Energiekörper*, München 1985.

Tomas, Andrew, *Atlantis: From Legend to Discovery*, London 1973.

Tompkins, Peter, *Cheops – Die Geheimnisse der Großen Pyramide – Zentrum allen Wissens der alten Ägypter,* München 1992.

ders., *The magic of the Obelisks,* New York 1981.

Toth, Max, *Das Geheimnis der Pyramid Power,* München 1988.

Toth, Max & Greg Nielsen, *Pyramid Power – Die kosmische Energie der Pyramiden,* München 1991.

Uriel & Antares, *Return to Atlantis,* El Cajon 1992.

Uyldert, Mellie, *Verborgene Kräfte der Edelsteine,* München 1992.

Velikovsky, Immanuel, *Oedipus and Akhnaton,* New York 1960.

Walker, Dael, *The Crystal Book,* Sunol 1983.

Adressenhinweis

Der Autor Geoffrey Keyte bietet (Fern-)Kurse zur Heilkraft von Edelsteinen und Kristallen an. Nähere Informationen über:

Crystal 2000
37 Bromley Road
GB – St. Annes-on-Sea, Lancashire FY8 1PQ

Register

GOLDMANN

Ganzheitlich Heilen

I. S. Kraaz/W. v. Rohr,
Die richtige Schwingung heilt   13788

I. S. Kraaz,
Die Farben deiner Seele   13767

Lea Sanders,
Die Farben Deiner Aura   13792

Jeremiah u. Catherine Weser,
Deine Augen: Das Tor zur Seele   13765

Goldmann · Der Taschenbuch-Verlag

GOLDMANN

Ganzheitlich Heilen – Die Kraft des Atems

Ina Odira Koosaka,
Das ganzheitliche Atembuch   13764

Marietta Till,
Die Heilkraft des Atems   13795

Hiltrud Lodes,
Atme richtig   13798

Helmut G. Sieczka, Chakra – Energie
und Harmonie durch den Atem   13806

Goldmann · Der Taschenbuch-Verlag

GOLDMANN

Ganzheitlich Heilen

Paul Uccusic,
Der Schamane in uns   13826

Jeanne Achterberg,
Die Frau als Heilerin   13766

Adelheid Ohlig,
Luna-Yoga   13790

R. Carlson/B. Shield (Hrsg.),
Was ist heilen?   13768

Goldmann · Der Taschenbuch-Verlag

GOLDMANN

Ganzheitlich Heilen

Karl Heinz Reger,
Hildegard Medizin   13791

Mechthild Scheffer, Die praktische Anwendung der Original Bach-Blütentherapie 13793

Eric Meyer (Hrsg.), Das große Handbuch der
Homöopathie   13789

Beate Blaszok,
Reiki fürs Leben   13769

Goldmann · Der Taschenbuch-Verlag

GOLDMANN

Aus der Schule des Positiven Denkens

Erhard F. Freitag/Gudrun Freitag,
Sag ja zu deinem Leben   12208

Erhard F. Freitag,
Kraftzentrale Unterbewußtsein   11740

Dr. Joseph Murphy, Die Praxis des
Positiven Denkens   11939

Norman Vincent Peale,
Positiv in den Tag   12091

Goldmann · Der Taschenbuch-Verlag

GOLDMANN

Varda Hasselmann/Frank Schmolke

Archetypen der Seele   12223

Welten der Seele   12196

Weisheit der Seele   12262

Goldmann · Der Taschenbuch-Verlag